Weihnachtlich PLOTTEN

24 zauberhafte DIY-Projekte
Karten, Deko & Geschenke

CV

Inhalt

Projekte

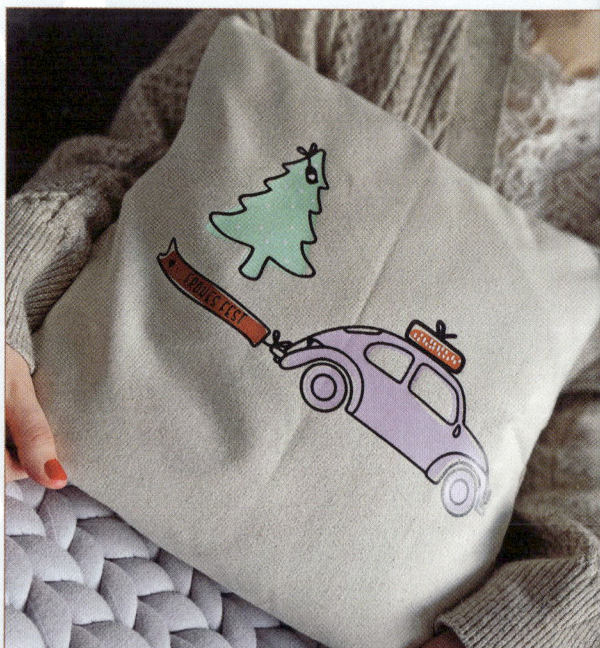

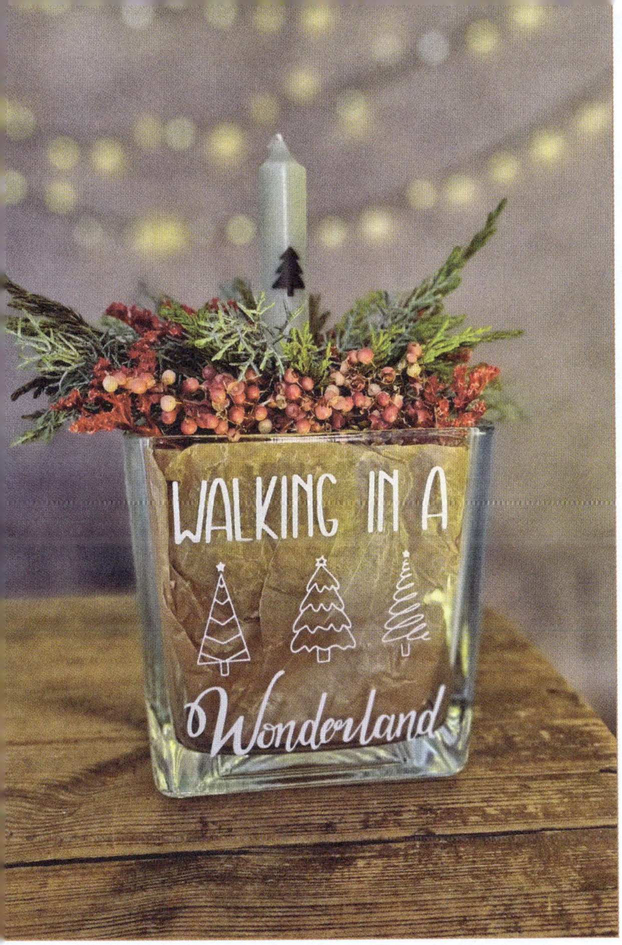
WALKING IN A
Wonderland

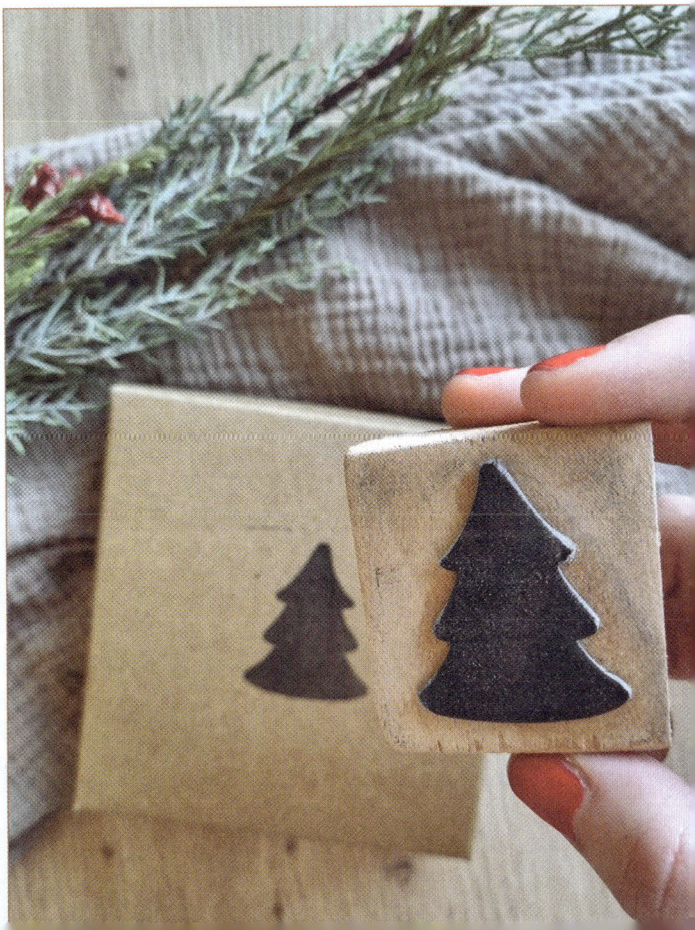

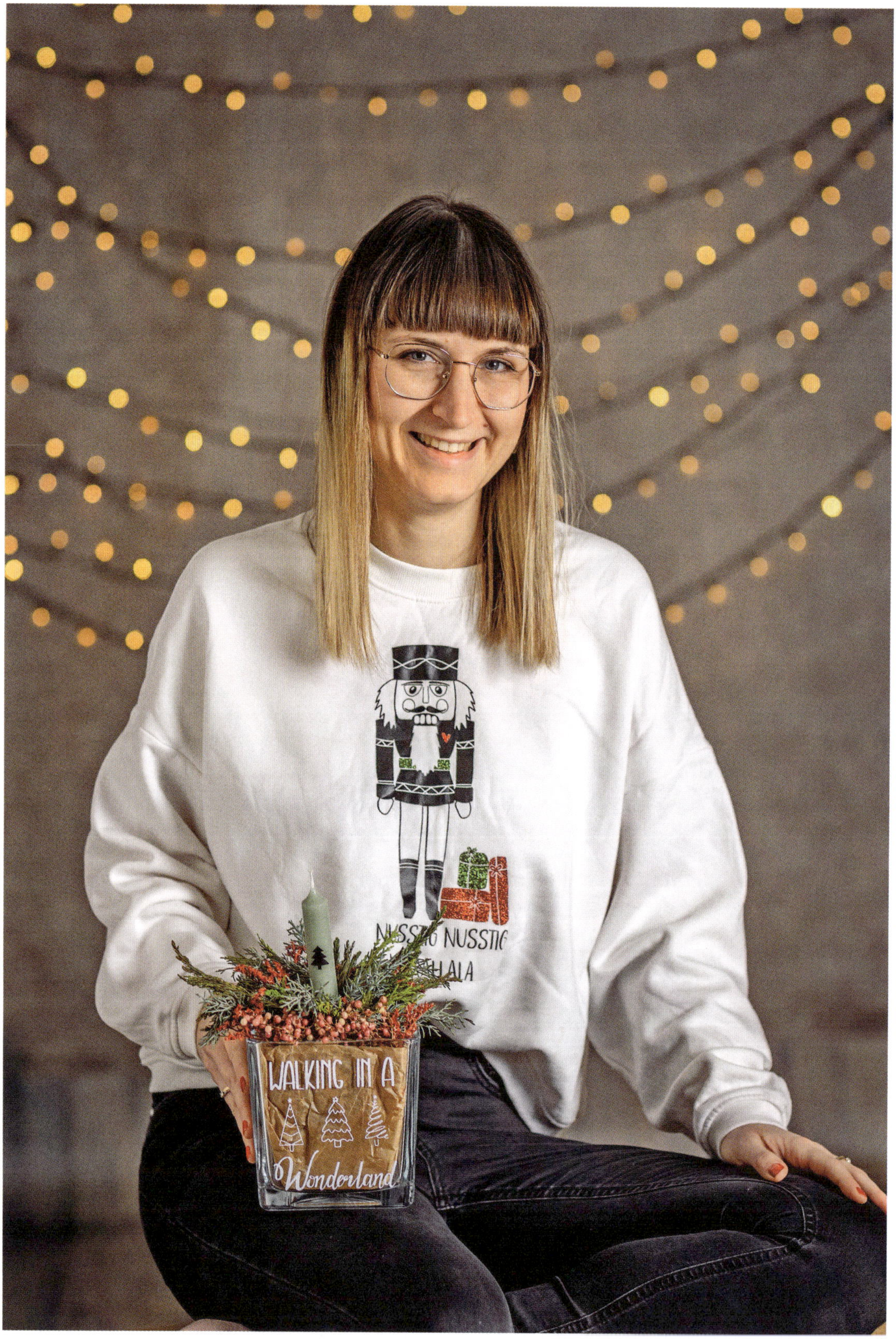
WALKING IN A
Wonderland

Vorwort

Plotten ist wie zaubern können! Ein Satz, der meiner Meinung nach in der Weihnachtszeit noch mehr zutrifft. Egal ob Dekoration, Kleidung, personalisierte Geschenke – alles ist möglich und der Kreativität sind keinerlei Grenzen gesetzt.

Und wer jetzt denkt, dass man für diese Projekte besonders begabt im Basteln sein muss, der hat weit gefehlt. Mein Leben lang habe ich verschiedene DIY-Aktivitäten ausprobiert, aber nie war das Ergebnis, trotz enormen Zeitaufwands, wie ich es mir vorgestellt habe. Dann ist der Plotter in mein Leben getreten und ich habe den perfekten Weg gefunden, meine Kreativität voll auszuleben. Genau diese Erfahrungen möchte ich mit euch teilen und zeigen, wie einfach ihr eindrucksvolle Ergebnisse erzielen könnt. Ich lade euch ein, die Weihnachtszeit mit mir und meinen Projekten noch magischer zu machen.

Dieses Buch soll euch Anregungen bieten, Neues auszuprobieren und die Welt mit »Plotteraugen« zu betrachten. Es gibt immer eine Möglichkeit, die Dinge im eigenen Umfeld noch schöner zu machen.

Damit das gelingt, haben mir vier ganz tolle Frauen Dateien angefertigt und zur Verfügung gestellt. Ein ganz großes Danke geht an meine Cousine Ellen, an Sandra von kleinerspatz, Jana von Fabulous.Plotterlove und Anne von Pfanti.de. Ohne euch hätte ich Dateien zeichnen müssen und das hätte hier keiner sehen wollen. Zu jedem Plotter gibt es eine eigene Software. Wenn man ein Cricut-Gerät besitzt, arbeitet man im Design Space, und mit dem Access-Abo hat man Zugriff auf eine sehr große Auswahl an Projekten, Bildern und Schriften. Diese kann man nach Herzenslust miteinander kombinieren und so neue Dateien erschaffen. Die von mir im Design Space zusammengestellten Dateien sind für euch freigeschaltet. Ihr findet mich dort unter »Plotterkrams«. Die anderen Dateien stehen mit dem QR-Code auf Seite 126 für euch zum Download bereit.

Mein Dank gilt vor allem meiner Mama, die mir von klein auf geholfen hat, meine kreativen Gedanken umzusetzen. Heute begleiten mich meine Bastelfreundinnen Birte, Elena, Anna und Resi, die mir immer mit Denkanstößen zur Verfügung stehen, wenn ich mal im »Plottertief« gelandet bin.

Und natürlich danke ich meinem Mann, der dieses ganze Gebastel erträgt, mir den Raum lässt, mich zu entfalten, auch die ein oder andere gute Idee beiträgt und mein schärfster Kritiker ist.

Wer über dieses Buch hinaus in den kreativen Austausch zu treten möchte, den lade ich ein, mich auf Instagram unter Plotterkrams zu besuchen. Ich freue mich auf Euch und wünsche Euch viel Spaß beim Plotten.

Bevor es losgeht …

Tipps und Tricks rund um das Plotten

Natürlich sind jeder Plotter und jedes Programm einzigartig und haben ihre eigenen Kniffe, einiges ist aber trotzdem allgemeingültig oder kann leicht auf eine andere Software übertragen werden. Das Grundwissen zu Materialien und Werkzeugen jedoch ist für alle gleich, daher starten wir an dieser Stelle zunächst mit den Grundkenntnissen zur Hardware und einigen Begrifflichkeiten, die du in den Anleitungen lesen wirst.

Jeder Plotter hat verschiedene Werkzeuge und beherrscht unterschiedliche Techniken. In jedem Fall kann der Plotter aber schneiden und schreiben beziehungsweise zeichnen. Um mit dem Plotten beginnen zu können, brauchst du am besten einen Plotter, einen Entgitterhaken, eine Rakel, Transferfolie, Vinylfolie, Heattransferfolie (HTV) oder umgangssprachlich Flexfolie, Kraftpapier, passende Stifte für deinen Plotter. Damit bist du erst mal gut ausgestattet und kannst eine ganze Menge Projekte bearbeiten. Im Buch sind auch einige Projekte mit besonderen Tools zu finden. An diese kann man sich nach etwas Übung auch heranwagen.

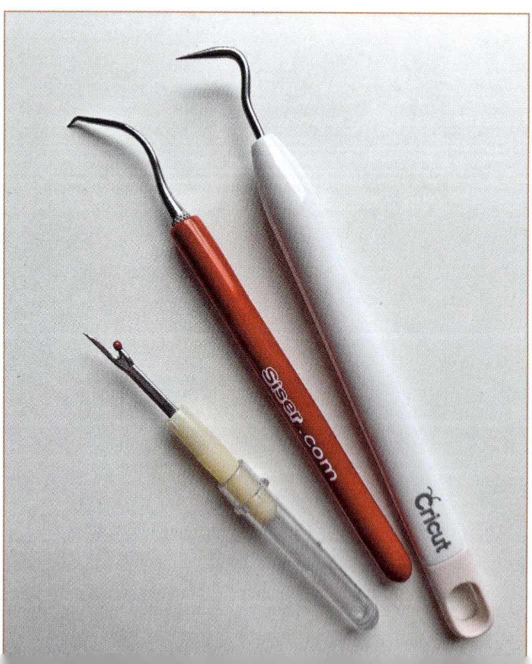

Hier nun einige wichtige Plotter-Begrifflichkeiten und Hinweise:

ENTGITTERN: das Schnittergebnis von überschüssiger Folie befreien. Dazu nutzt man einen Entgitterhaken, wobei auch ein Nahttrenner sehr gute Dienste leisten kann.

RAKELN: Mithilfe der Rakel wird das Schnittergebnis durch eine Reibebewegung und etwas Druck von der Trägerfolie auf die Transferfolie übertragen, um es dann auf dem zu verschönernden Gegenstand aufzureiben.

TRANSFERFOLIE: eine selbstklebende Folie, mit der man Vinyl vom Träger auf den Gegenstand überträgt.

VERSCHIEDENE MESSER: Schneide niemals Papier und Folie mit demselben Messer, denn Papier macht deine Klinge stumpf und das wiederum bereitet dir graue Haare bei der Arbeit mit Folien. Generell kannst du aber dein stumpf gewordenes Folienmesser für Papier weiter benutzen.

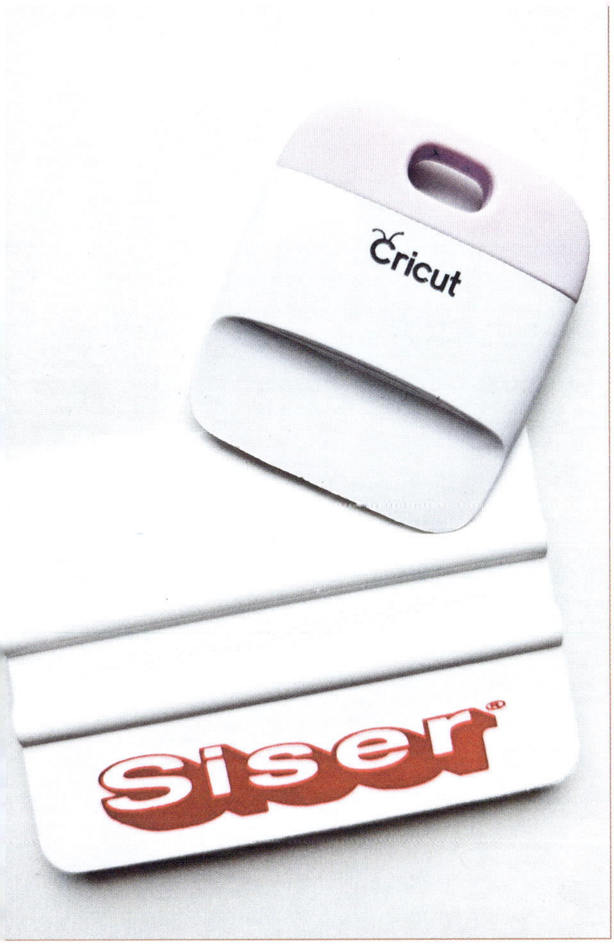

FOLIEN: Man unterscheidet bei Folien zwischen Vinylfolie und Flexfolie. Die Faustregel ist: Vinyl nutzt man für Dinge, Flexfolie für Textilien. Du kannst es dir aber auch so merken: Alles, was Hitze aushält, kann mit Flexfolie verschönert werden und der Rest mit Vinyl. Heatransfervinyl (HVT) lässt sich oft leichter verarbeiten, da das selbstklebende Vinyl gern Probleme beim Entgittern macht. Ein weiterer Unterschied ist, dass Flexfolie sich schon auf ihrer Übertragungsfolie befindet, darum muss das Motiv hierfür auch immer gespiegelt gesendet werden. Vinyl liegt nur auf einer Trägerfolie, entsprechend ist Übertragungsfolie nötig, um es von der Folie abzunehmen und es auf einem Objekt aufzubringen.

ARBEITSMATTEN: Genauso wie mit den Folienmessern verhält es sich mit den Matten. Jede Matte hat eine unterschiedliche Klebekraft. Wenn du merkst, die Klebekraft lässt nach, nutze die Matte einfach für ein Material, das nicht so viel Grip benötigt, und wenn gar nichts mehr hält, kannst du die Matte ein paarmal mit Feuchttüchern reinigen und sie so damit noch etwas länger nutzen. Sei auch konsequent und bringe nach der Nutzung immer die Schutzfolie wieder auf. Je weniger Staub auf die Matte kommt, umso länger hast du Freude daran. Achte besonders bei Papier darauf, dass deine Matte nicht zu stark klebt, sonst zerreißt dein Schnittergebnis ziemlich leicht. Generell solltest du dir angewöhnen, deine Matte vom Projekt abzuziehen und nicht das Projekt von der Matte. So verhinderst du ungewolltes Wellen.

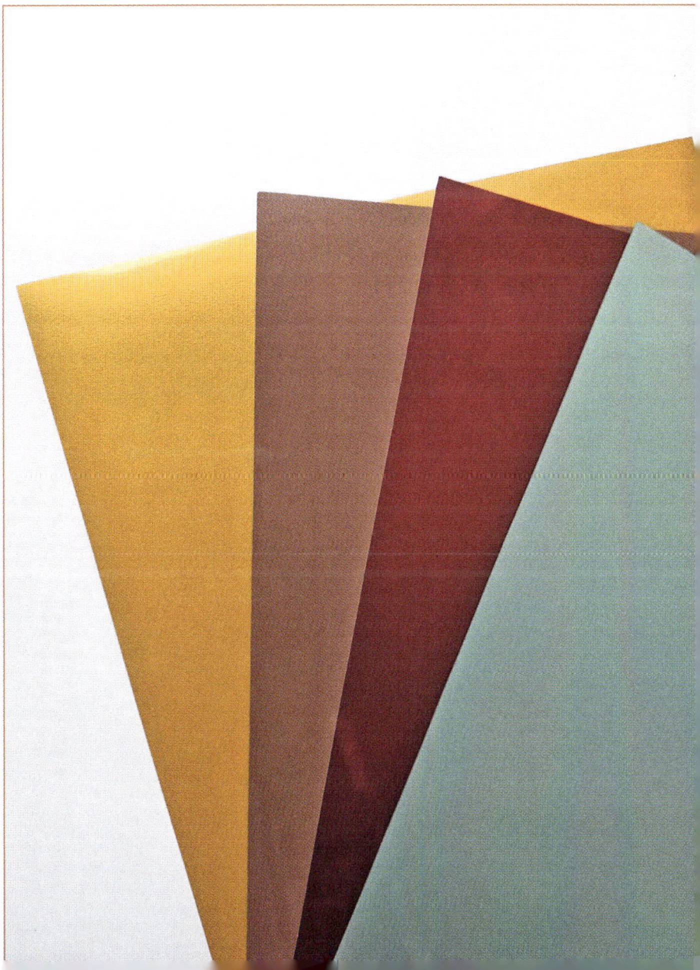

ARBEITEN MIT FLEXFOLIE: Möchtest du Flexfolie nutzen, brauchst du ein Gerät zum Pressen. Das kann ein Bügeleisen, eine Handpresse in beliebiger Größe oder eine Bügelpresse sein. Mit allen drei Varianten wirst du erfolgreich Folie auf dein Produkt aufbringen. Der große Unterschied ist allerdings die Haltbarkeit. Die Bügelpresse arbeitet nicht nur mit Hitze, sondern auch mit Druck, und das ist das Einzige, was eine wirklich lange Haltbarkeit garantiert. Du solltest dein Textil auf jeden Fall vorpressen, egal welche Pressmethode du verwendest. Das zieht die Feuchtigkeit aus dem Stoff und der Kleber kann sich besser verbinden. Wasche die Textilien stets auf links, schleudere sie nicht zu stark und vermeide den Trockner. Auf diese Weise hast du lange Freude an deinen Werken. Hier einige Besonderheiten zu den verschiedenen Pressmethoden:

BÜGELEISEN: Es erhitzt sich nicht an allen Stellen gleichmäßig und es muss immer Backpapier dazwischengelegt werden. Das Entfernen der Übertragungsfolie gestaltet sich manchmal schwierig, weil sich noch nicht alle Teile des Motivs mit dem Stoff verbunden haben. Merke dir: Mit dem Bügeleisen brauchst du Fingerspitzengefühl, Geduld und viele Pressvorgänge.

HANDPRESSE: Sie erhitzt sich überall gleichmäßig. Die Folie verbindet sich beim Verwenden der Handpresse sehr gut mit dem Textil und die Übertragungsfolie lässt sich problemlos abziehen. Backpapier brauchst du nur nach Entfernen der Übertragungsfolie. Du presst am besten 45 Sekunden und übst durch deine Körperkraft den Druck aus.

BÜGELPRESSE: Sie ist für gewerbliche Nutzung geeignet. Durch Hitze und Druck entsteht ein optimales, langlebiges Ergebnis. Backpapier brauchst du hier gar nicht. Man braucht zudem lediglich zwei Pressvorgänge und 15 Sekunden reichen in der Regel pro Pressvorgang aus. Jeder Hersteller stellt aber auch Tabellen zur Verfügung, wo Temperaturen und Zeiten zu finden sind.

ARBEITEN MIT VINYLFOLIE: Möchtest du Vinylfolie nutzen, dann benötigst du Transferfolie. Diese ist grundsätzlich wiederverwendbar, du musst lediglich bedenken, welches Material du beplotten willst. Gerade bei Papier solltest du ein älteres Stück Folie nehmen oder die Folie ein paarmal auf deine Hose kleben, damit sie nicht mehr so stark klebt und dein Papier beschädigt. Bei Kerzen eignet sich Malerkrepp sehr gut zur Übertragung. Generell ist die Arbeit mit Vinyl eine Geduldsprobe, du musst viel fummeln und auch in Kauf nehmen, dass etwas beim Entgittern kaputtgeht und du noch mal schneiden musst. Wobei auch das Schneiden seine Tücken hat. Wenn du merkst, dass der Plotter deine Vinylfolie kaputt macht, überprüfe zunächst, ob deine Klinge sauber ist oder sich kleine Teile von alten Projekten daran angesammelt haben. Wenn das alles gut aussieht, kannst du sowohl bei dem Juliet- als auch dem Silhouette-Plotter die Schneidegeschwindigkeit auf das niedrigste Tempo einstellen. Beim Cricut kannst du den Druck verändern oder auf die Einstellung »Washiblatt« ausweichen. Brother-Plotter machen tatsächlich alles automatisch.

Zum Schluss noch ein paar Softwarebegrifflichkeiten:

VERSCHWEISSEN: aus mehreren Objekten eins machen. Du willst einem Fahrrad noch ein Körbchen hinzufügen? Kein Problem, du setzt das Körbchen so an, dass es das Fahrrad berührt, markierst alles und verschweißt es, schon hast du eine durchgängige Schnittlinie. Generell kannst du mit dieser Funktion aus den bereits im Programm hinterlegten Formen ganz einfach neue schaffen – dabei sind keine Grenzen gesetzt.

VERBINDEN: relevant für alle Cricut-Nutzer. So gibst du den Befehl, dass er mehrere Arbeitsschritte an einem Objekt ausführen soll – zum Beispiel ein Viereck ausschneiden und auf diesem gleich noch schreiben.

PFADE: Durch das Lösen von Pfaden trennst du Objekte oder kannst Teile des Motivs löschen. Das Löschen ist vor allem nützlich, wenn dein Ziel ist, eine Singleline zum Zeichnen zu erhalten.

GRUPPIERUNG: Dies dient dazu, Objekte zu verbinden oder voneinander zu lösen, ohne in die Schnittlinien einzugreifen.

OFFSET: Immer wieder geht dein Motiv kaputt, weil es zu filigran ist? Dann nutze ein Offset und mach das Motiv 0,01 oder 0,02 mm dicker. Optisch wirst du fast keinen Unterschied feststellen, aber der Plotter schafft es dann in der Regel doch noch, ans Ziel zu kommen. Auch kannst du ein großes Offset erstellen und dies als Umrandung für deine Schrift oder Motiv nutzen.

SINGLELINE: Um schöne geschriebene oder gezeichnete Ergebnisse mit dem Plotter zu erzielen, brauchst du eine Singleline. Damit besteht dein Objekt aus nur einer Linie. Mit dem Cricut kannst du direkt nach Schreibschriften oder Dateien zum Zeichnen suchen. Für die anderen Plotter musst du passende Schriftarten downloaden und Motive modifizieren.

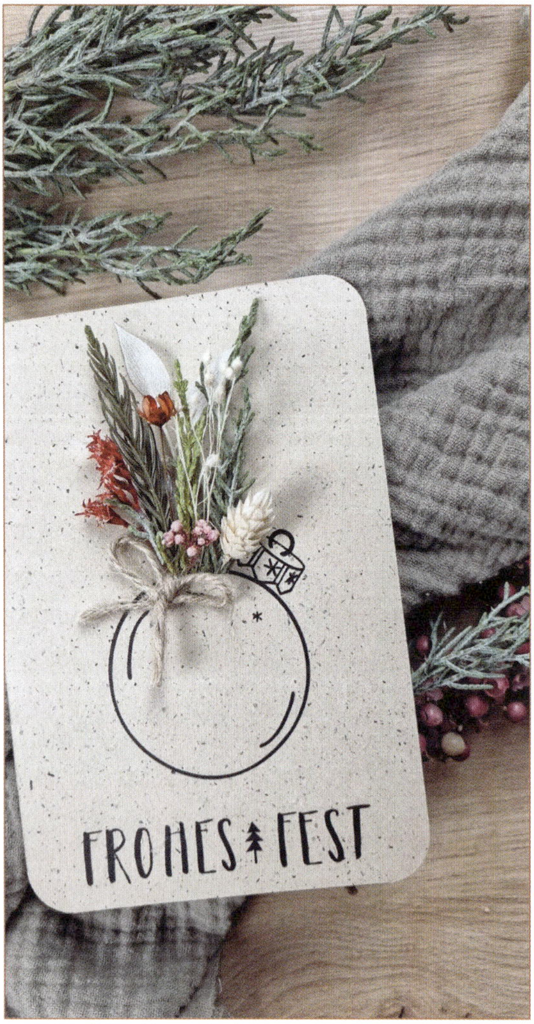

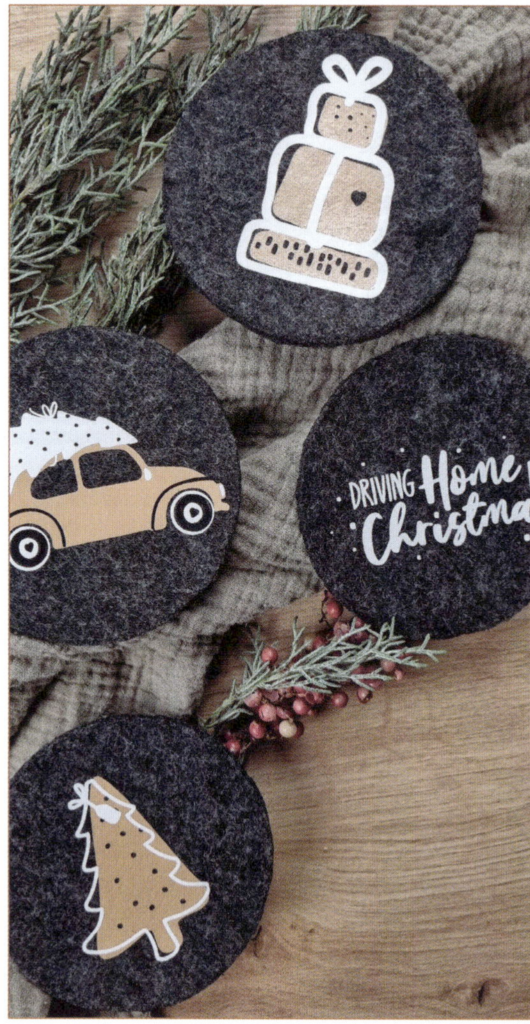

KAPITEL 1: Mit toller Weihnachtsdeko durch den Advent

An gesammelten Deko-Werken wird es uns allen nicht fehlen, aber wahrscheinlich an individueller Weihnachtsdekoration, die genau auf unser Zuhause abgestimmt ist. Damit können die wenigsten dienen. Dieses Kapitel lässt dich in die Dekorationswelt eintauchen und lädt dazu ein, eigene Kerzen zu kreieren, die Haustür zu verschönern oder einfach ein ganz persönliches Kissen für die Couch zu gestalten. Der Kreativität sind keine Grenzen gesetzt und darum legen wir auch direkt los.

KAPITEL 2: Alles rund ums Schenken und Verpacken

In der heutigen Zeit kann man alles kaufen, gerade das macht eine persönliche Aufmerksamkeit als Geschenk noch schöner. Und wenn man trotzdem etwas Gekauftes verschenken möchte, kann man es individuell und kreativ verpacken. Dieses Kapitel zeigt dir, wie du mit einfachen Mitteln ein wundervolles Ergebnis erzielen kannst. Ob Gravur oder Papieranhänger, Infusible Ink oder ein kleiner Schokoladengruß: All das erwartet dich auf den folgenden Seiten und lässt dich hoffentlich sofort zum Plotter flitzen.

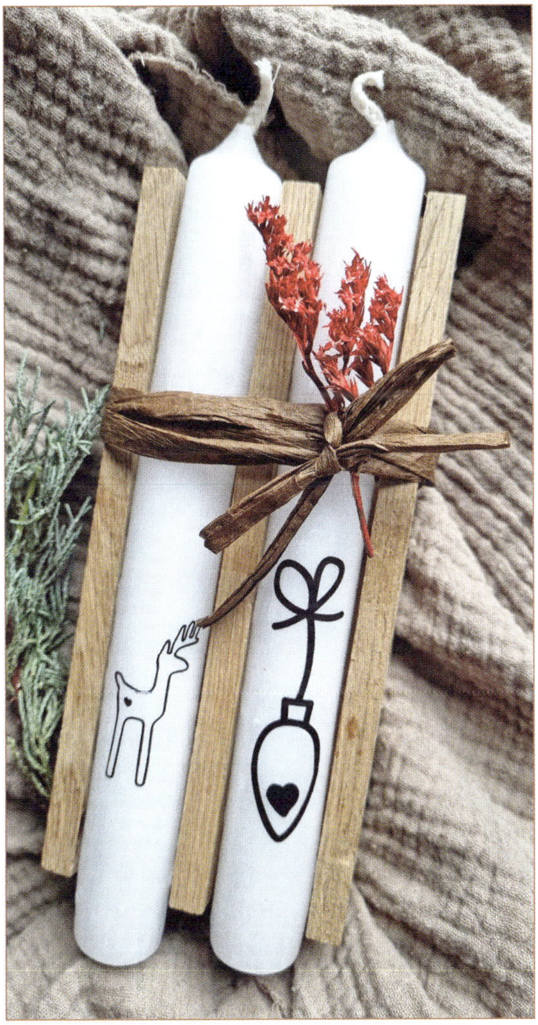

KAPITEL 3: Stilvoll durch die Feiertage

Was ziehe ich an, wie dekoriere ich die Festtagstafel und wird jeder seinen Platz finden? Vom individuellen Weihnachtspullover für jedes Familienmitglied bis hin zum opulenten Gesteck auf dem Tisch – keine Wünsche bleiben offen. Du lernst in diesem Kapitel, wie du Filz schneiden kannst, welche Geräte dir helfen, dein Motiv auf Textilien zu bringen, und wie du sie anwendest. Auch der Umgang mit dem Stift wird ein Thema sein. Also, schnapp dir deinen Plotter und stürz dich in die Vorbereitungen für wunderschöne Feiertage.

Projekte

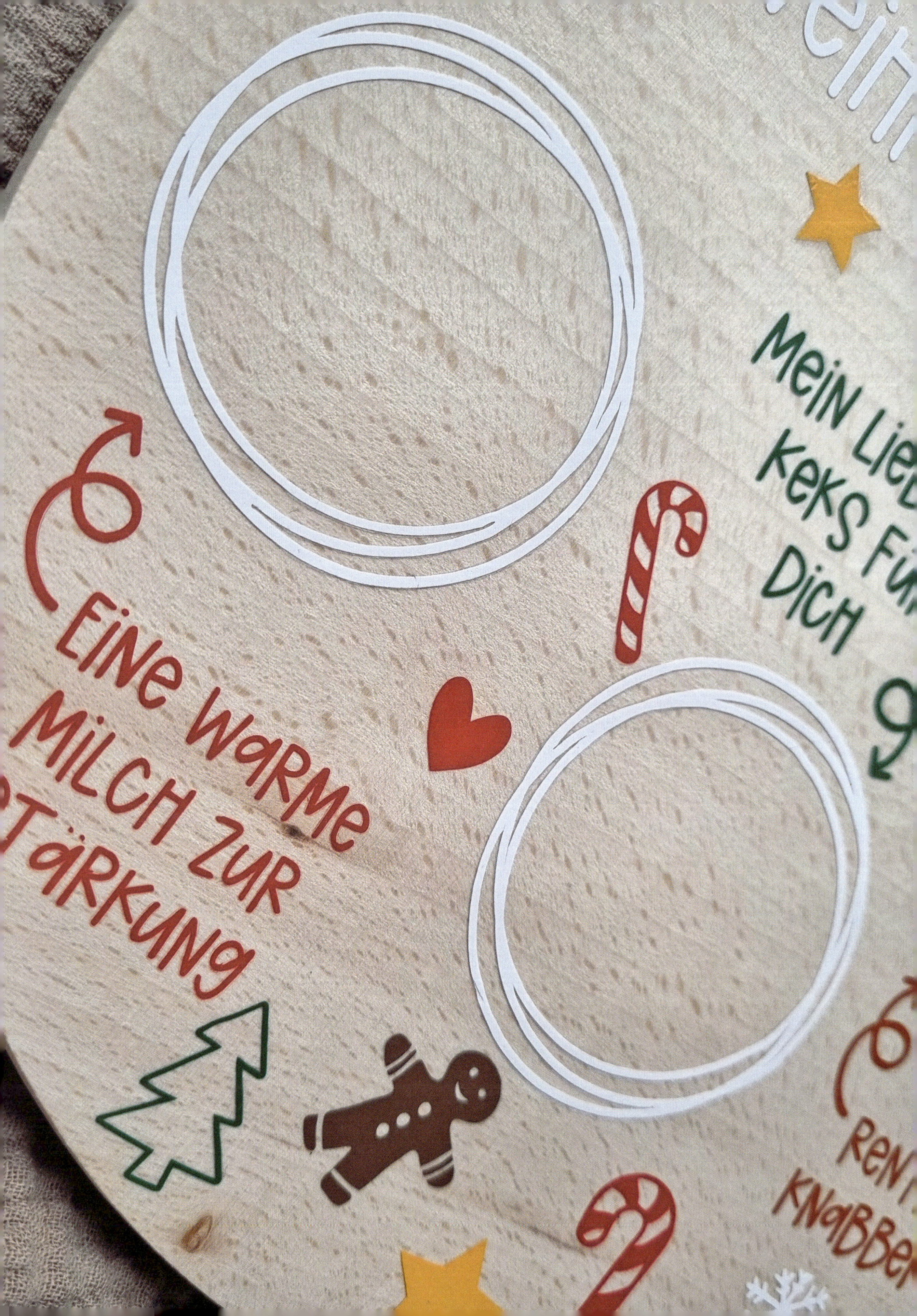
Mein
Keks
Dich
Eine warme
Milch zur
Stärkung

Kleiner Gruß an den Weihnachtsmann

Dem Weihnachtsmann oder Christkind eine Kleinigkeit zu essen und etwas Milch hinzustellen, ist in vielen Familien eine Tradition. Um das Ganze aber nicht einfach auf den blanken Tisch zu stellen, kannst du ganz leicht eine Unterlage dafür selbst gestalten.

Du benötigst: Cricut-Plotter · Holzbrettchen, 20 cm Durchmesser · Flexfolien in den Farben deiner Wahl · Schere · Entgitterhaken · Schneidematte · Mini-Presse · Backpapier

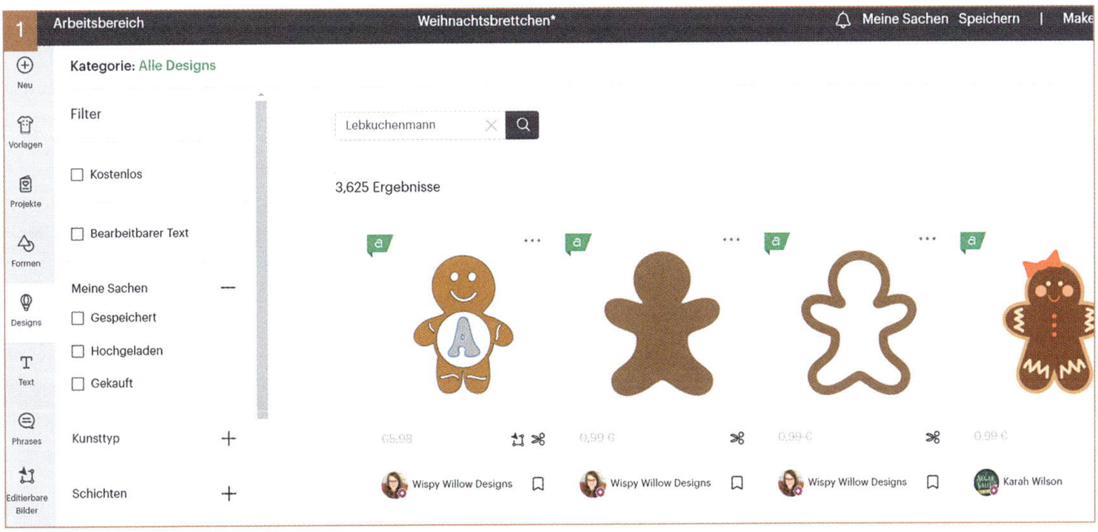

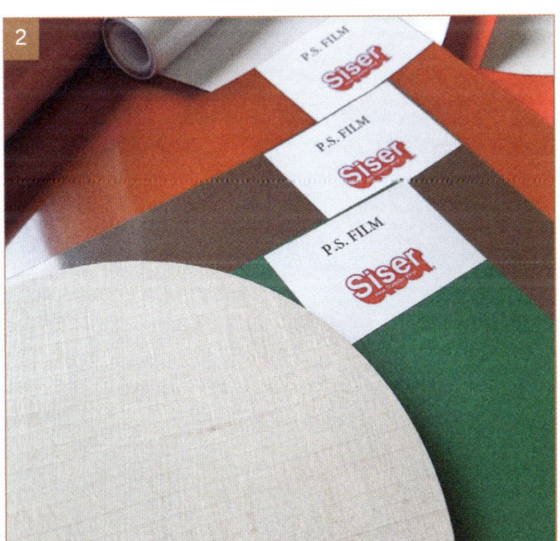

1. Ein großer Vorteil bei diesem Projekt ist die riesige Auswahl an Vorlagen in Cricut Access. Mit Cricut Access kannst du entweder jedes Motiv einzeln erwerben oder ein Abo abschließen. Meine Vorlage ist für dich kostenlos freigeschaltet und du findest mich unter »Plotterkrams«. Du kannst nun entweder meine Vorlage 1:1 verwenden oder kleine Anpassungen vornehmen. Solltest du schon zufrieden sein, kannst du direkt drauflosplotten.

2. Bei Motiven, die aus vielen Farben bestehen, verwende ich gern Flexfolie, da die Farbpalette größer ist.

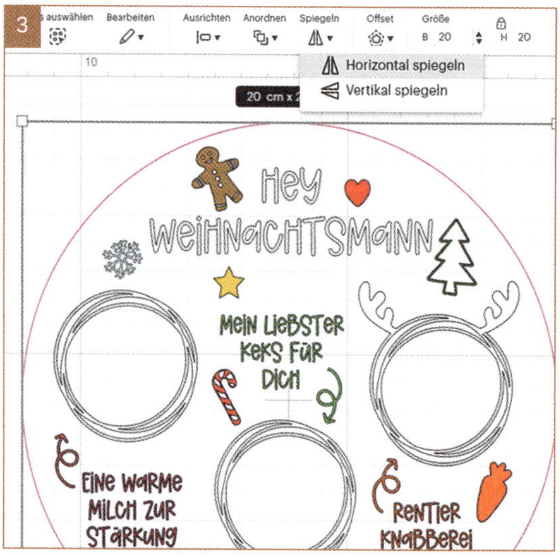

3

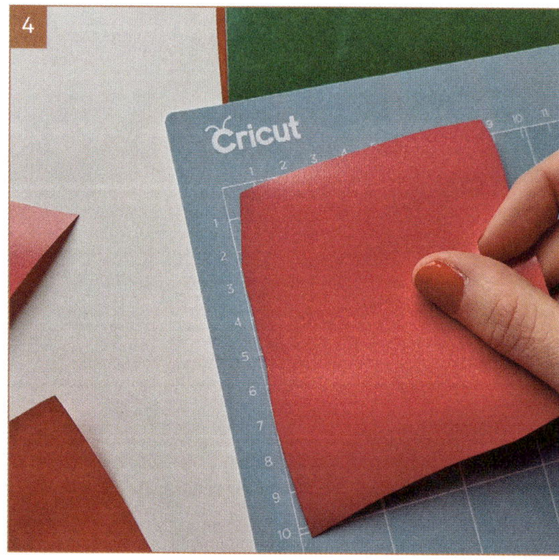

4

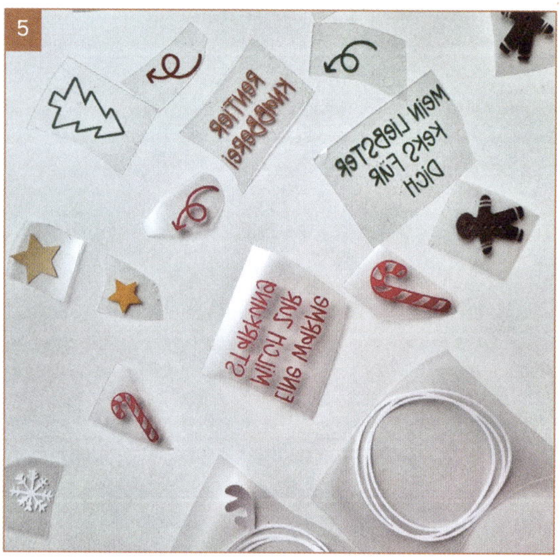
5

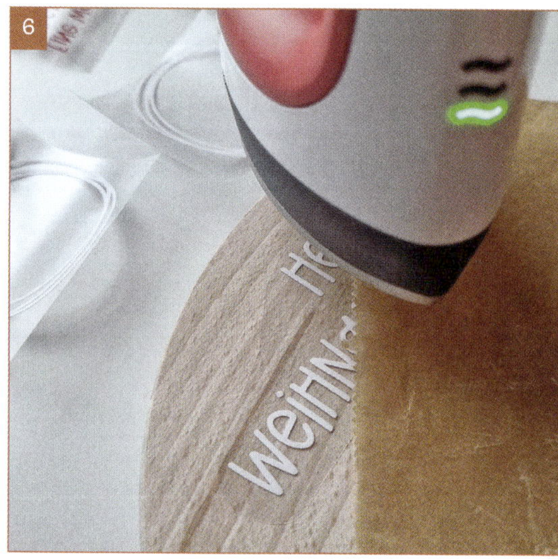
6

3. Das bedeutet aber auch, dass du das Ganze vor dem Schneiden spiegeln musst. Um dies nicht für jede Matte einzeln tun zu müssen, markierst du im Designbereich alles und drückst auf »Spiegeln«. Ich würde unterstellen, dass es jedem Plotti schon mal passiert ist, dass er am Ende an einer Stelle das Spiegeln vergessen hat. Das ist nicht nur ärgerlich, sondern kostet auch viel Material. Durch dieses Spiegeln vor dem Herstellungsprozess passiert dir dieser Fehler nie wieder.

4. Bringe nun die erste Folie auf der Matte auf. Achte darauf, dass die glänzende Seite auf der Matte klebt und du die matte Seite anschaust. Nun kannst du mit der Herstellung beginnen. Nach dem Schnitt nimmst du die Folie von der Matte und bringst die nächste auf. Dies wiederholst du, bis du alle Motive geschnitten hast.

5. Beginne nun mit dem Entgittern. Ziehe wie gewohnt die überschüssige Folie ab.

7

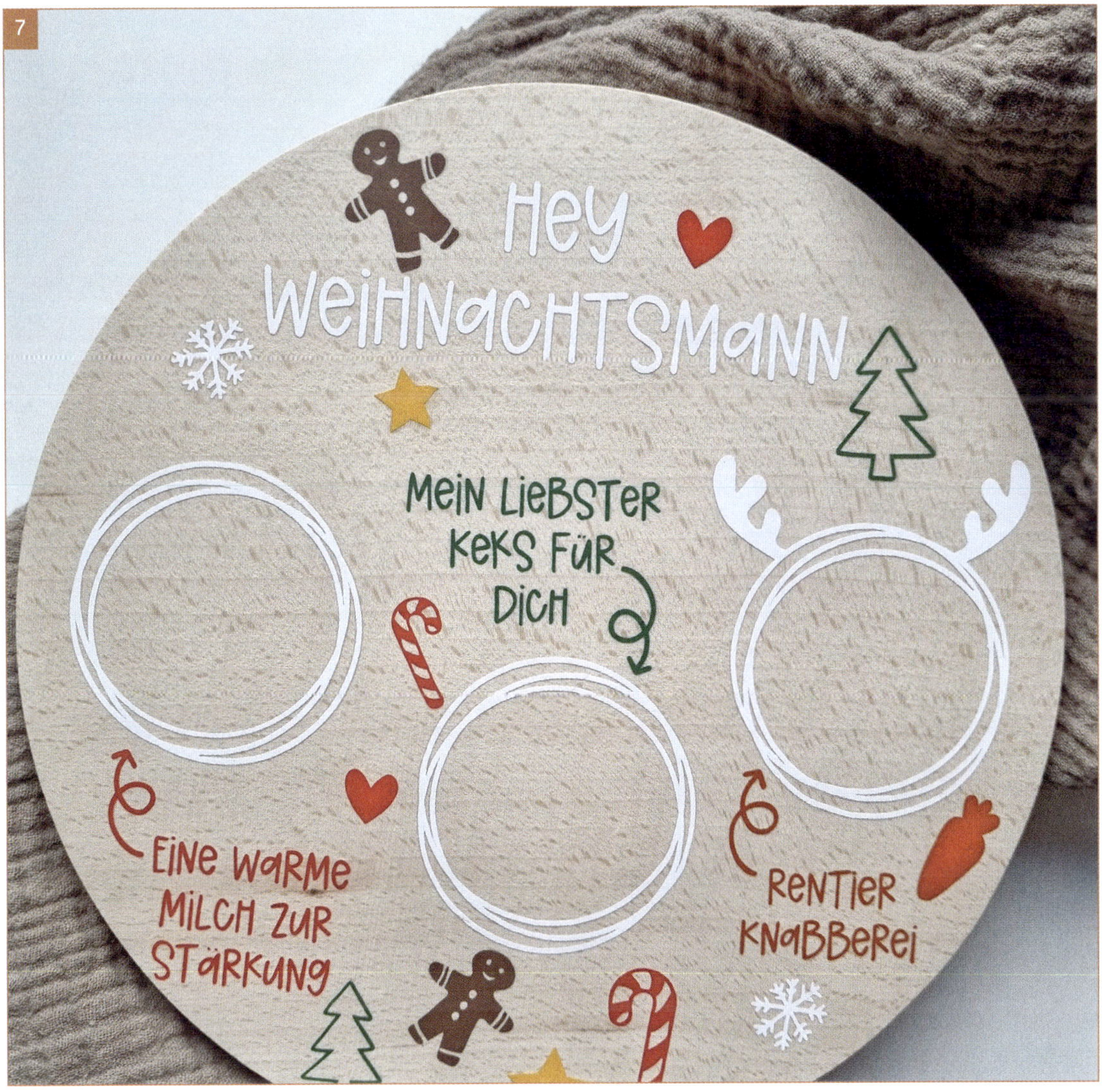

6. Zur Aufbringung des Schnittergebnisses auf das Brettchen eignet sich eine Mini-Presse sehr gut. Wichtig ist, dass die Presse nicht heißer eingestellt ist als auf Stufe 2 und du Backpapier dazwischenlegst.

7. Flexfolie auf Holz funktioniert prinzipiell sehr gut, man muss nur mit Gefühl arbeiten. Das bedeutet nicht zu lange und zu stark drücken und lieber einmal mehr absetzen und schauen, ob sich die Trägerfolie schon lösen lässt. Das wiederholst du mit all deinen Motiven, bis das Brettchen fertig ist. Nun kann der Heilige Abend kommen.

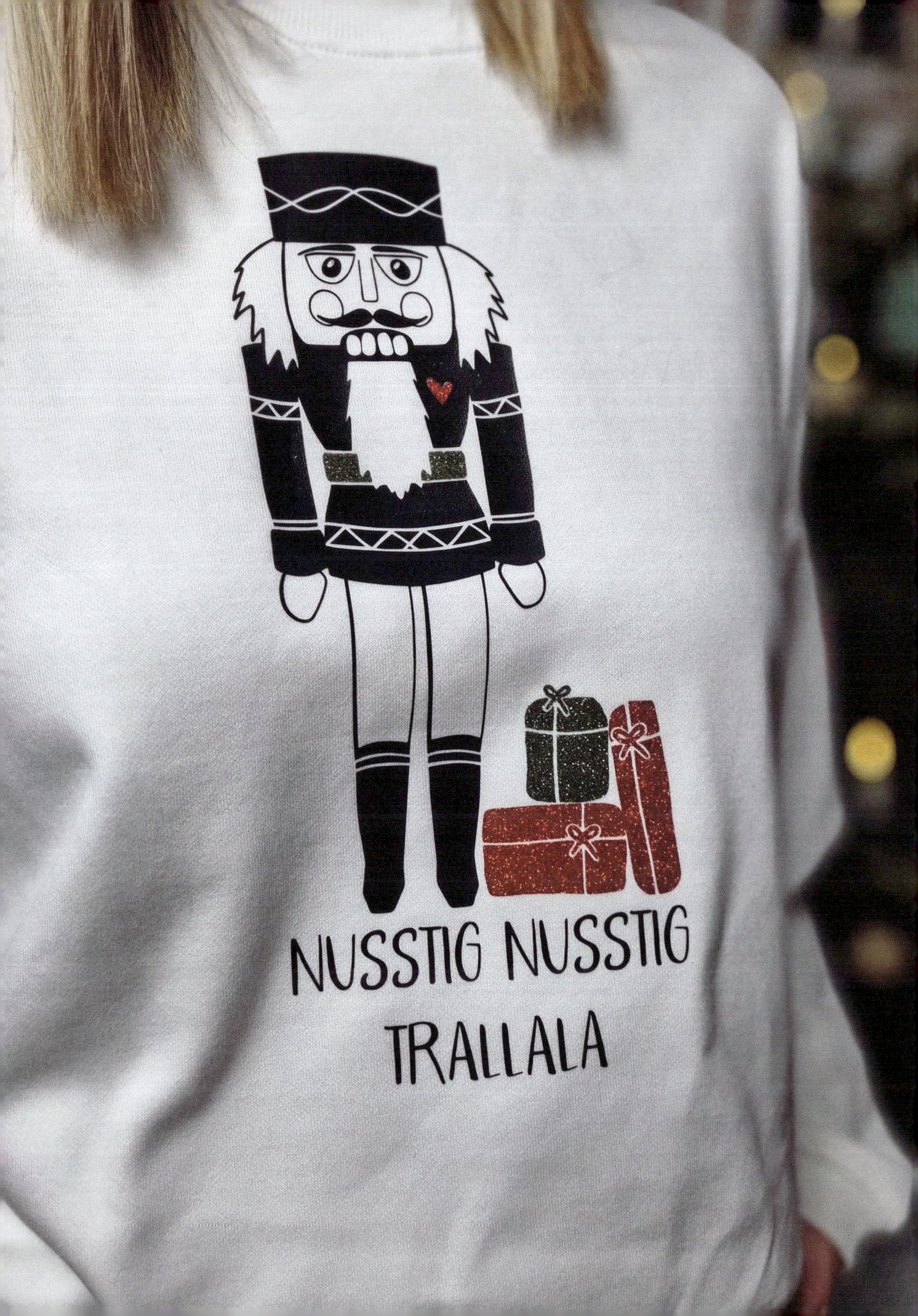
NUSSTIG NUSSTIG
TRALLALA

Nusstig, nusstig, trallala

An Weihnachten möchte ich den perfekten Pulli tragen und was schreit mehr nach Weihnachten als ein Nussknacker! Um meinen Wunsch umzusetzen, habe ich eine Datei der lieben Anne von Pfanti verwendet.

Du benötigst: Juliet-Plotter · Pullover · Flexfolie in deinen Lieblingsfarben · Entgitterhaken · Schneidematte · Schere · Pressgerät deiner Wahl

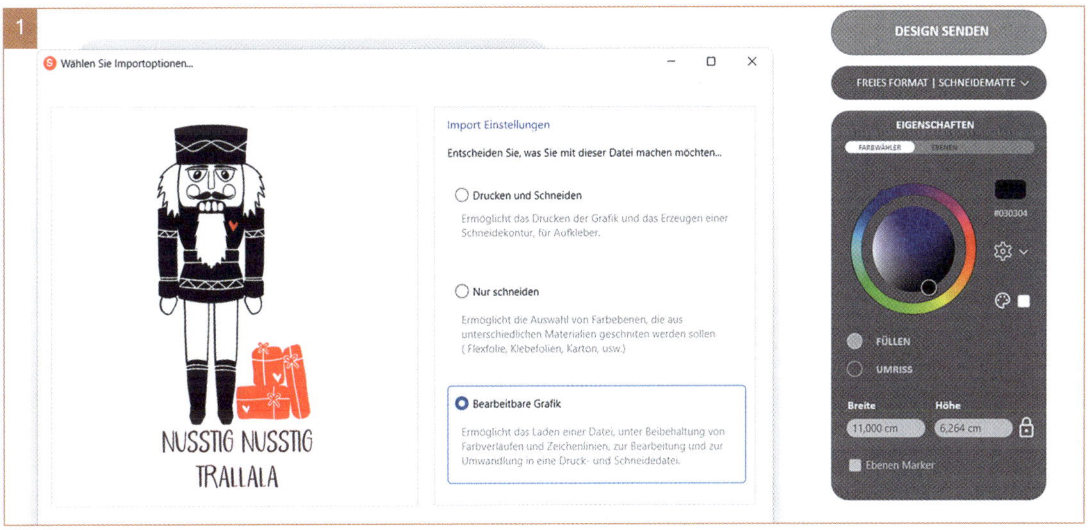

1. Ins Leonardo Design Studio importierst du als Erstes die gewünschte Datei.

   Über die rechte Maustaste findest du die Anweisung »Pfad aufbrechen« und kannst dann alles, was du nicht benötigst, einfach löschen. Nicht wundern, durch das Aufbrechen werden plötzlich einige Teile schwarz. Wenn du den Pfad wieder kombinierst, ist alles wieder zurück an Ort und Stelle.

   Wenn du farbige Details einbauen willst, kopierst du dir den Nussknacker am besten zwei- bis dreimal, brichst den Pfad auf und löschst die Teile raus, die du nicht in der Farbe haben willst. Im Anschluss kombinierst du die übrigen Teile wieder und färbst sie über das Farbrad am rechten Rand ein. Die Farbe dient dabei zur Visualisierung und damit der Plotter weiß, dass er verschiedene Matten anzeigen muss. Welche Farbe jedoch geplottet wird, bestimmst du durch die Folienauswahl.

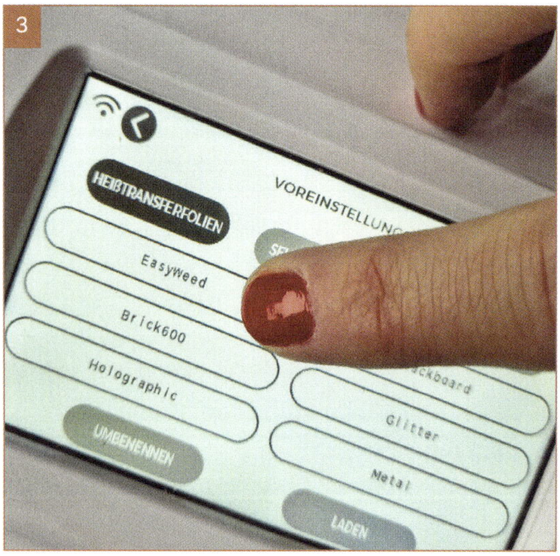

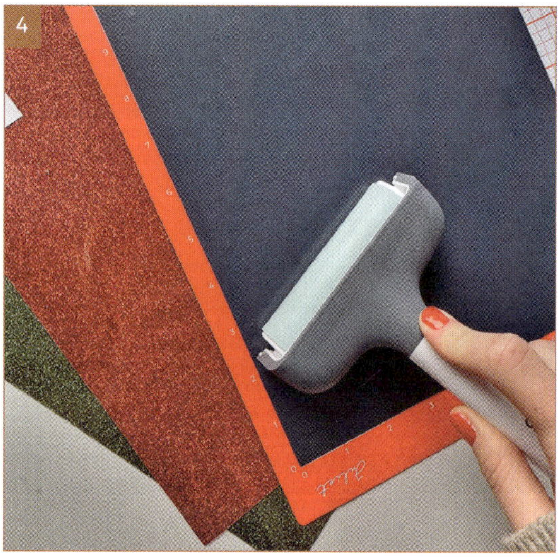

2. Vergiss nicht, das Motiv zu spiegeln, bevor du es an den Plotter schickst.

3. Der Vorteil beim Juliet-Plotter ist, dass die Folien von Siser schon als Einstellungen hinterlegt sind. Du wählst einfach aus, ob du gerade Easyweed oder Glitter schneiden möchtest, und er schneidet mit den passenden Einstellungen.

4. Achte darauf, dass Juliet am unteren linken Rand beginnt zu schneiden. Folglich bringst du deine Folie auch unten und nicht oben an.

5

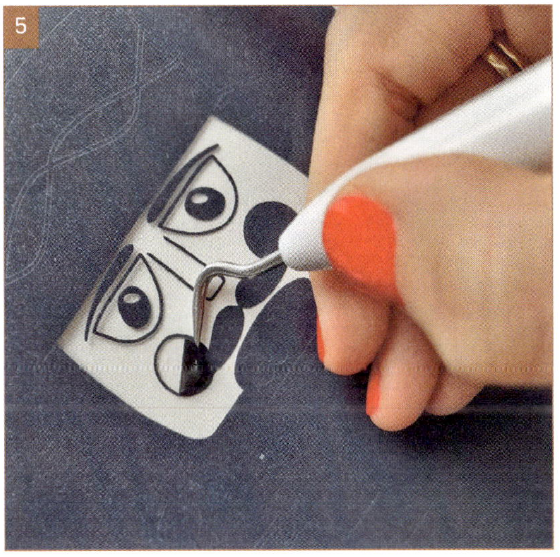

6

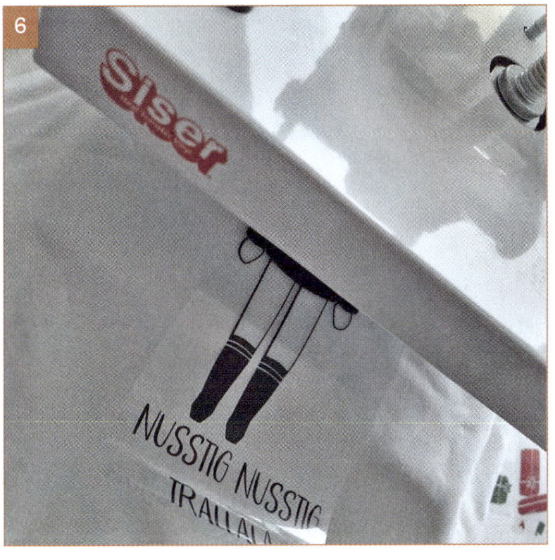

5. Wenn alle Teile geschnitten sind, entgitterst du alles. Bei Glitzer sind die Schnittlinien oft etwas schlechter zu sehen, das ist aber völlig normal.

6. Im nächsten Schritt musst du den Pressvorgang vorbereiten. Ich habe für dieses Projekt eine Bügelpresse benutzt. Diese arbeitet neben Hitze auch mit Druck und erzielt das haltbarste Ergebnis aller Pressmethoden. Heize die Presse auf 145 Grad vor und wähle eine Presszeit von 15 Sekunden. Presse das Textil einmal vor, um die Feuchtigkeit aus dem Stoff zu ziehen. Im Anschluss presst du Farbe für Farbe auf deinen Pullover. Ich habe hier mit Schwarz angefangen, weil ich die Geschenke und farbigen Details so am besten ausrichten kann. Wenn du alle Folien aufgebracht hast, presst du noch mal alles gemeinsam. Ein Vorteil der Bügelpresse ist, dass sie speziell beschichtet ist und du so auf Backpapier verzichten kannst.

Fertig ist dein stylisher Weihnachtspulli.

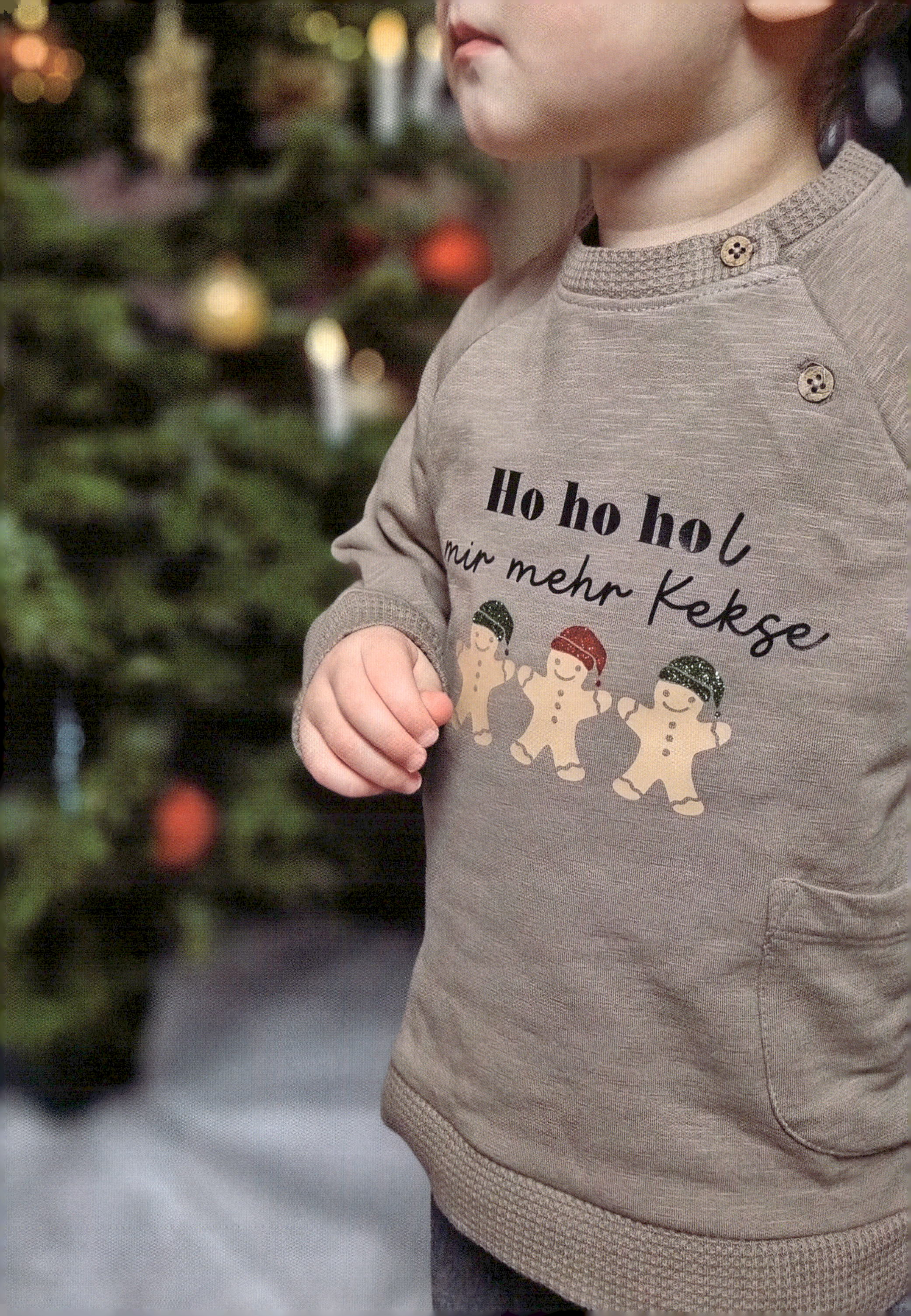
Ho ho hol
mir mehr Kekse

Ho-ho-hol mir mehr Kekse

Natürlich soll nicht nur Mutti schick sein, sondern auch Mini, und darum bekommt dein Kind auch einen weihnachtlichen Pullover. Die fertige Vorlage findest du unter »Plotterkrams« im Design Space oder du erstellst dir selbst eine Datei.

Du benötigst: Cricut-Plotter · Pullover · Flexfolie · Schneidematte · Entgitterhaken · Schere · Pressgerät deiner Wahl

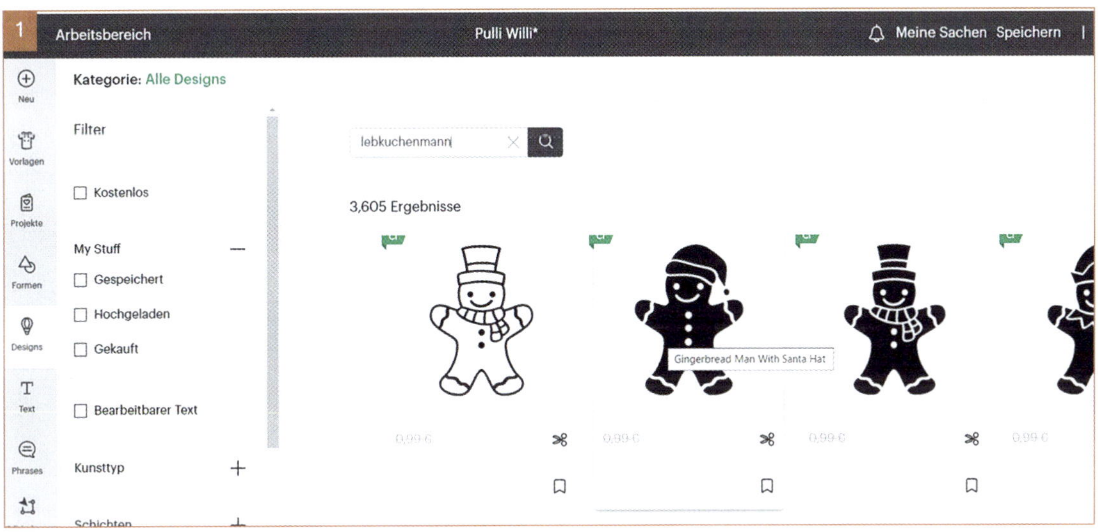

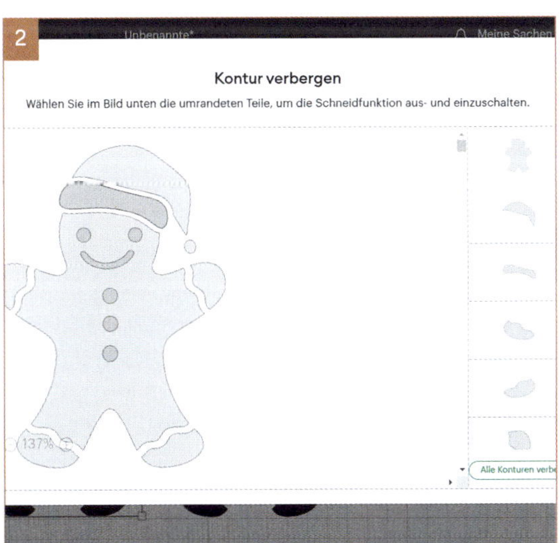

1. Für dieses Projekt habe ich wieder im Cricut Design Space gestöbert und mir über die Schlagwortsuche einen kleinen Lebkuchenmann mit Mütze ausgesucht.

2. Um die Mütze mit Farbe versehen zu können, duplizierst du das Männchen einfach und blendest mithilfe der Konturfunktion bei Mann 1 die Mütze aus und bei Mann 2 den Körper.

   Nun kannst du die Mütze anders einfärben. Dupliziere das Ganze dann noch zweimal und gib zwei der drei Mützen die gleiche Farbe und einer eine andere

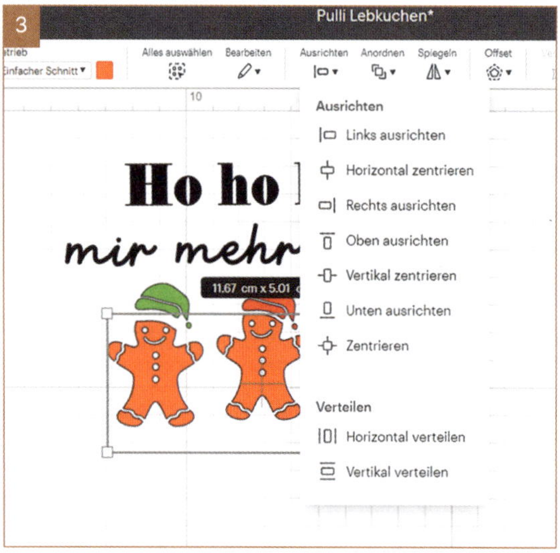

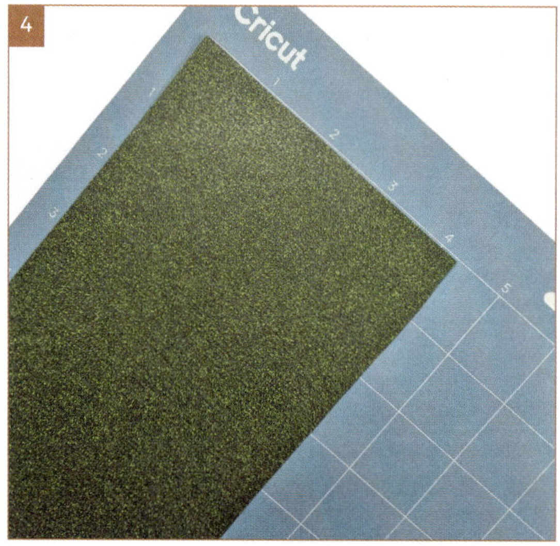

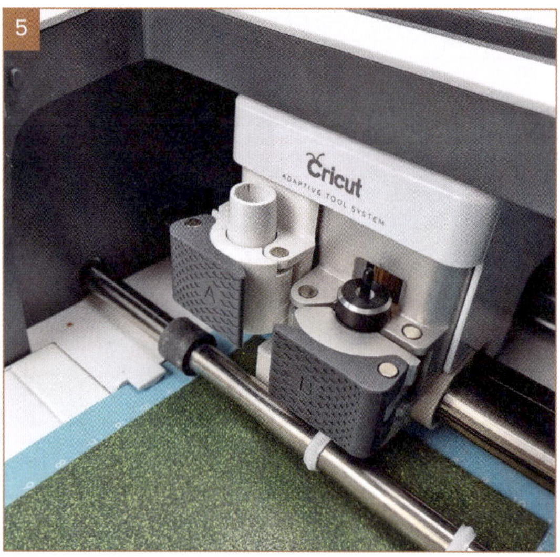

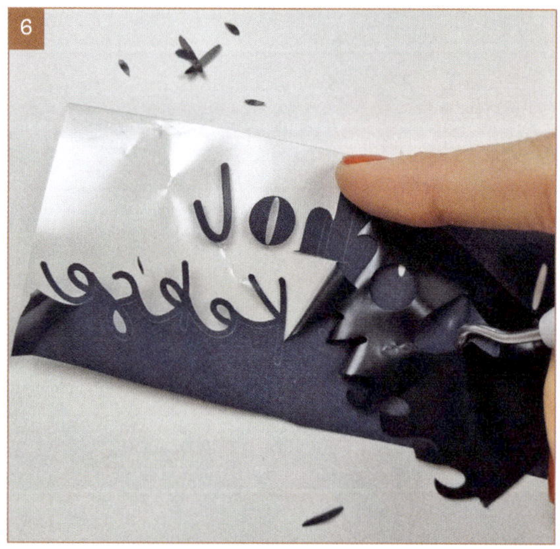

Farbe. Richte nun die Männchen aus. Den Abstand zwischen ihnen wählst du selbst. Um sie dann auf einer Linie zu platzieren, wählst du den Befehl »Vertikal zentrieren« aus. Nun gruppierst du die drei Männer – dadurch weiß der Plotter, dass er sie genau so zusammenlassen soll. Im Vergleich zu anderen Plottern legt Cricut die Motive nämlich immer an den oberen linken Rand, und das besonders platzsparend. In unserem Fall hieße das, du musst alles mühsam gerade auf dem Pulli ausrichten.

3. Erstelle dir noch den passenden Text, richte ihn an den Männern aus und gruppiere erneut.

4. Da hier wieder vier Farben und damit im Programm vier Matten verwendet werden, spiegelst du das Motiv vorab wieder, um im Herstellungsprozess nichts zu vergessen. Bringe nun die erste Folie auf die Matte auf. Achte darauf, dass die glänzende Seite auf der Matte klebt und du die matte Seite anschaust.

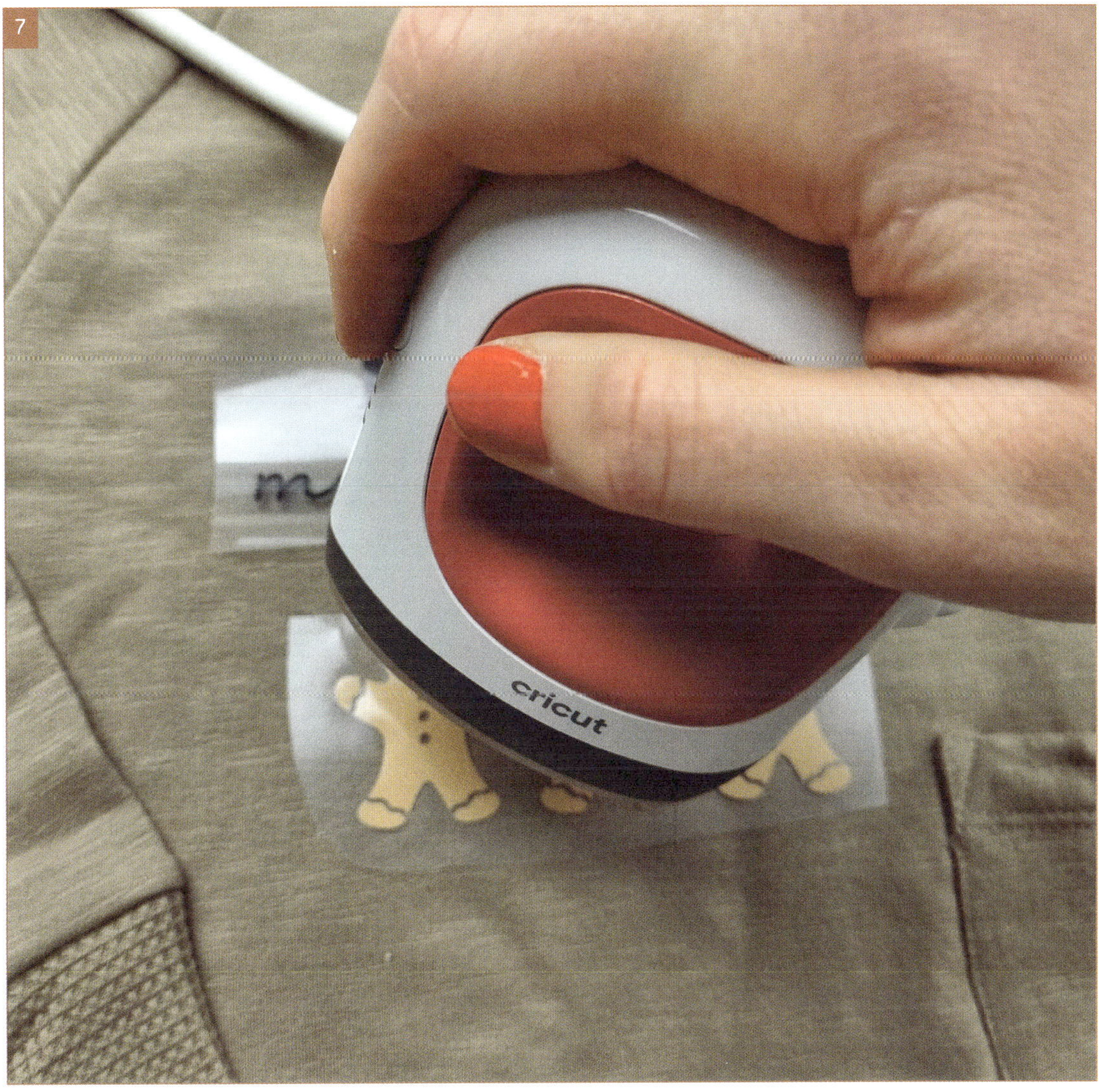

5. Los geht's mit der Herstellung.

6. Nach dem Schnitt nimmst du die Folie von der Matte und bringst die nächste auf. Dies wiederholst du, bis du alle Motive geschnitten hast. Dann beginnst du mit dem Entgittern. Ziehe wie gewohnt die überschüssige Folie ab.

7. Da es sich um kein besonders großes Motiv handelt, kannst du ohne Probleme eine Mini-Presse zum Aufbringen nutzen und damit Folie für Folie auf das Textil pressen. Vorpressen nicht vergessen.

Am Ende legst du Backpapier über alles und presst erneut.

So wird auch dein kleiner Schatz ganz fantastisch unter dem Weihnachtsbaum aussehen.

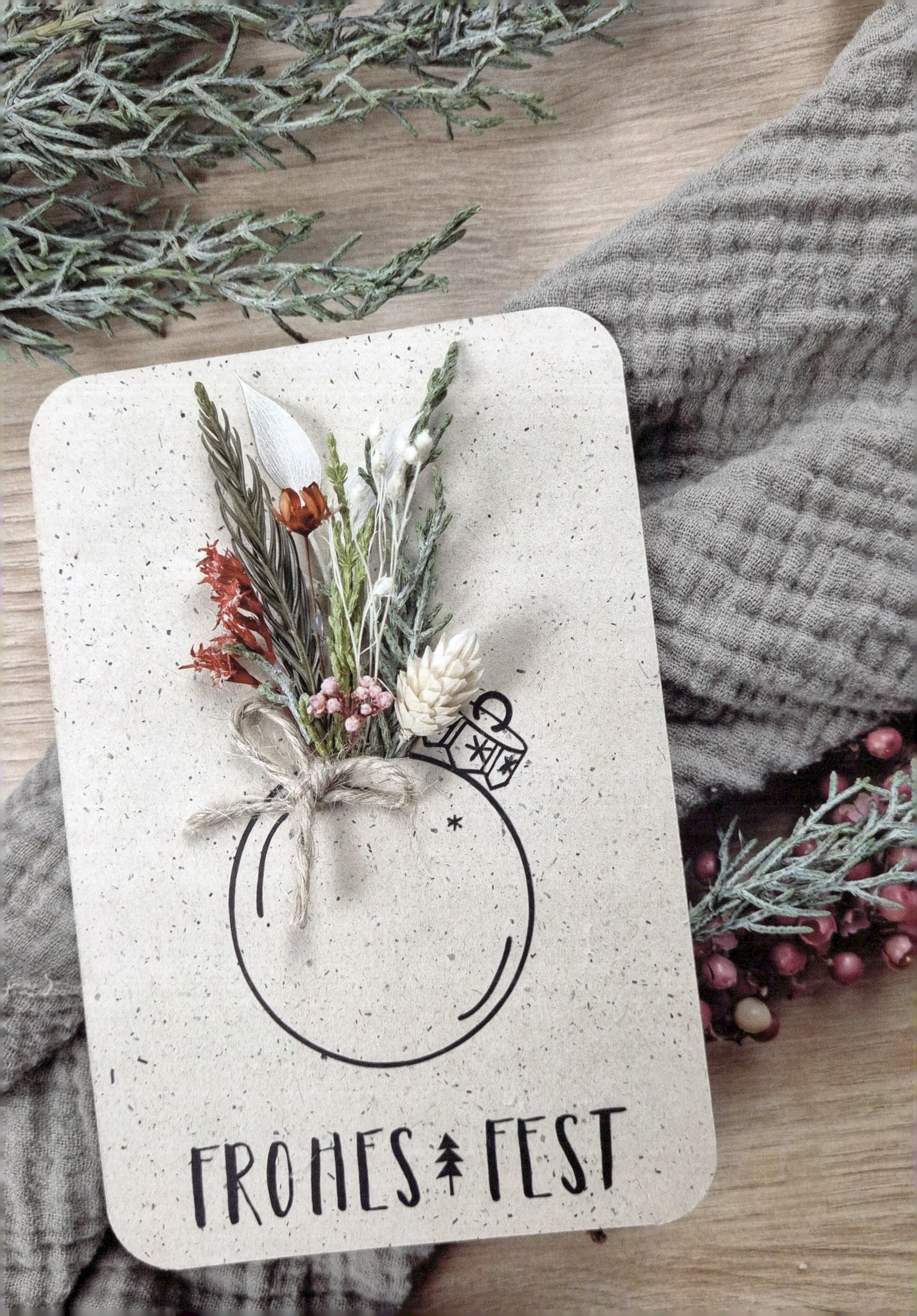
FROHES FEST

Wunderschöne Weihnachtsgrüße

Karten kaufen kann wirklich jeder – Karten selbst gestalten, das ist die große Kunst. Inspiration und die Datei hat mir hierfür die liebe Anne von Pfanti geliefert. Ich kombiniere bei Karten gern Folie mit plastischen Elementen, wie in diesem Fall Tannengrün und Trockenblumen.

Du benötigst: Silhouette-Plotter · Kraftpapier · Vinylfolie · Übertragungsfolie · Entgitterhaken · Bastelskalpell · Rakel · Schneidematte · Schere · Juteband · Trockenblumen · Tannengrün

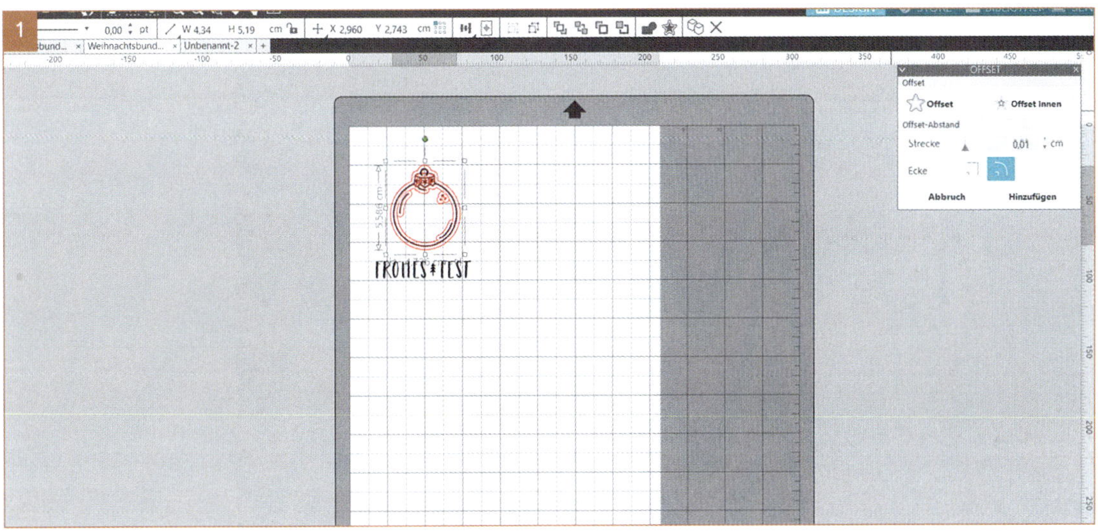

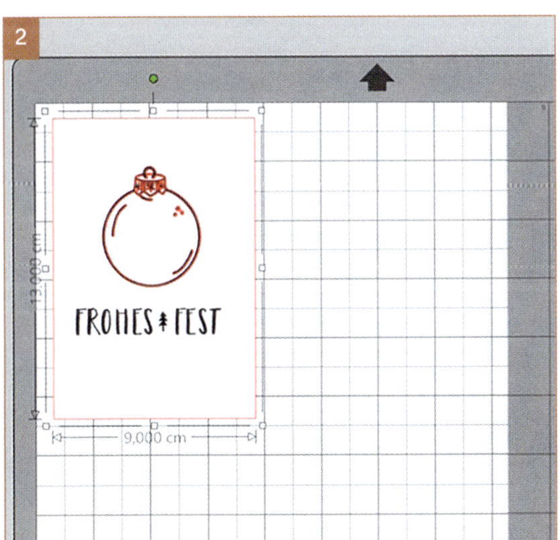

1. Bei der Weihnachtsbaumkugel hast du schon gelernt, wie du mit Vorlagen umgehst, bei denen mehrere Motive verbunden sind. Lösche also alle überschüssigen Motive und prüfe, ob dein Motiv die perfekte Plotterdicke hat. Nach einigen Projekten Erfahrung sagt dir dein Augenmaß recht schnell, ob du direkt loslegen kannst oder ein Offset nötig ist. Da wir hier wieder mit recht kleinen Maßen arbeiten, benötigst du ein Offset.

3a

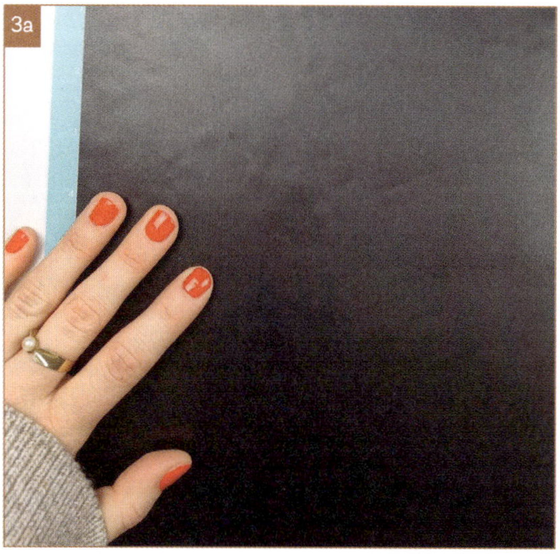

3b

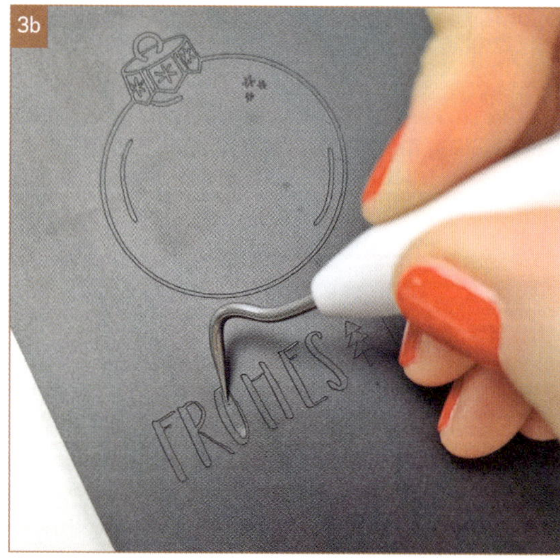

4a

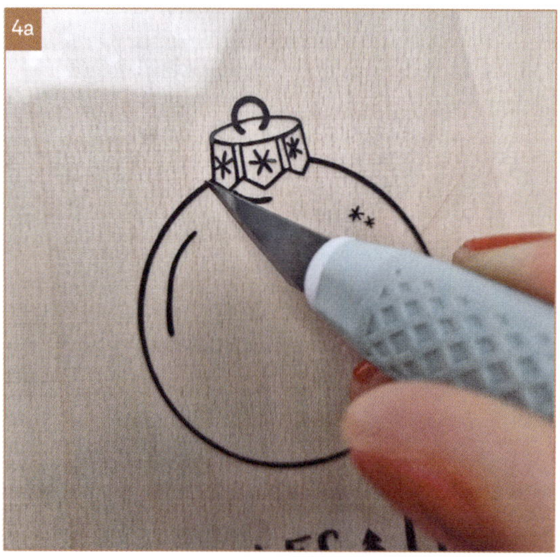

4b

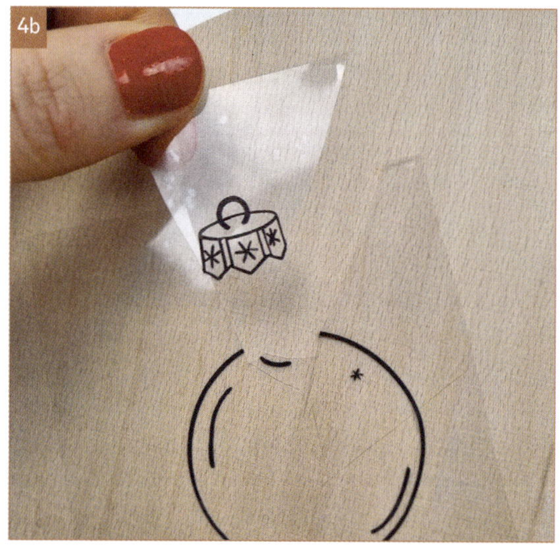

2. Dieses Offset-Vorgehen findest du ebenfalls im Projekt »Weihnachtsbaumkugel«. Nicht jeder kann besonders gut mit der Schere umgehen, darum ist der Plotter ein kleiner Lebensretter. Erstelle dir ein Rechteck in den Maßen 10 × 13 cm. Zum einen wird der Plotter dir dieses schneiden und zum anderen dient es dir als Vorlage, wie groß Kugel und Schrift sein müssen und welche Ausrichtung am schönsten ist.

   Wenn du die Größe bestimmt und ausgerichtet hast, gruppierst du die beiden Elemente.

   Nun musst du entscheiden, welcher Weg dir besser gefällt. Entweder du öffnest ein zweites Blatt und verschiebst das Rechteck auf dieses oder du änderst die Farbe der Schnittlinie des Rechtecks und blendest im Herstellungsprozess erst die Kugel und dann die Schrift aus. Beide Varianten sind möglich. In jedem Fall musst du das Messer wechseln, denn du darfst nie Papier und Folie mit derselben Klinge schneiden, Papier macht die Folienklinge stumpf. Achte bei der Arbeit mit Papier auch darauf, die Matte vom Projekt abzuziehen und nicht umgekehrt, da sich sonst das Papier gern wellt.

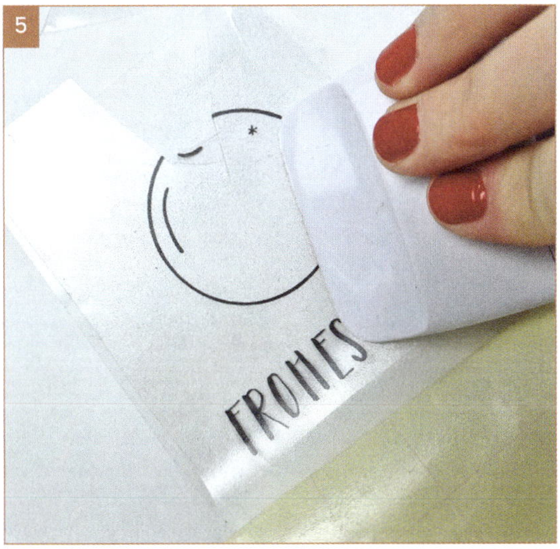

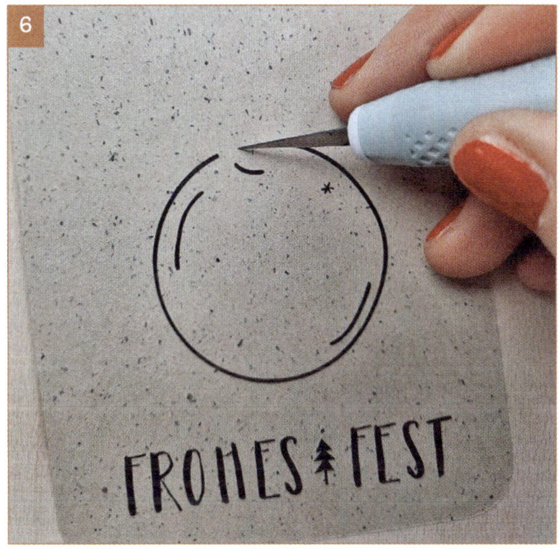

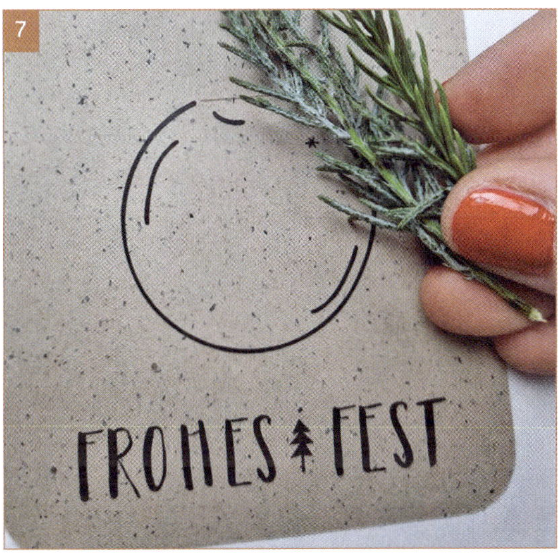

3. Bei der Vinylfolie gehst du wie gewohnt vor - erst schneiden und danach entgittern.

4. Nun schneidest du vorsichtig mit einem Skalpell oder scharfen Messer die Kappe der Kugel ab.

5. Im nächsten Schritt musst du Kugel und Schrift mit Übertragungsfolie vom Träger abnehmen. Hierfür solltest du unbedingt eine etwas ältere Übertragungsfolie nehmen, die nicht mehr zu stark klebt.

   Natürlich wird dann das Abnehmen ein Gefummel, aber du würdest dich sonst ärgern, wenn dein Papier an der Übertragungsfolie hängen bleibt und die ganze Arbeit umsonst war.

6. Wenn das Motiv auf der Karte ist, greifst du erneut zum Skalpell und schneidest eine kleine Linie ein.

7. In diesen Schnitt steckst du dein Tannengrün und die Trockenblumen und fixierst beides auf der Rückseite mit Heißleim.

   Bringe mithilfe von Übertragungsfolie das Käppchen daneben wieder an. Da ich Karten mit runden Ecken bevorzuge, zaubere ich mit einem Eckenrunder die passenden Rundungen.

   Und schon ist die Karte bereit, jemand anderem eine Freude zu machen.

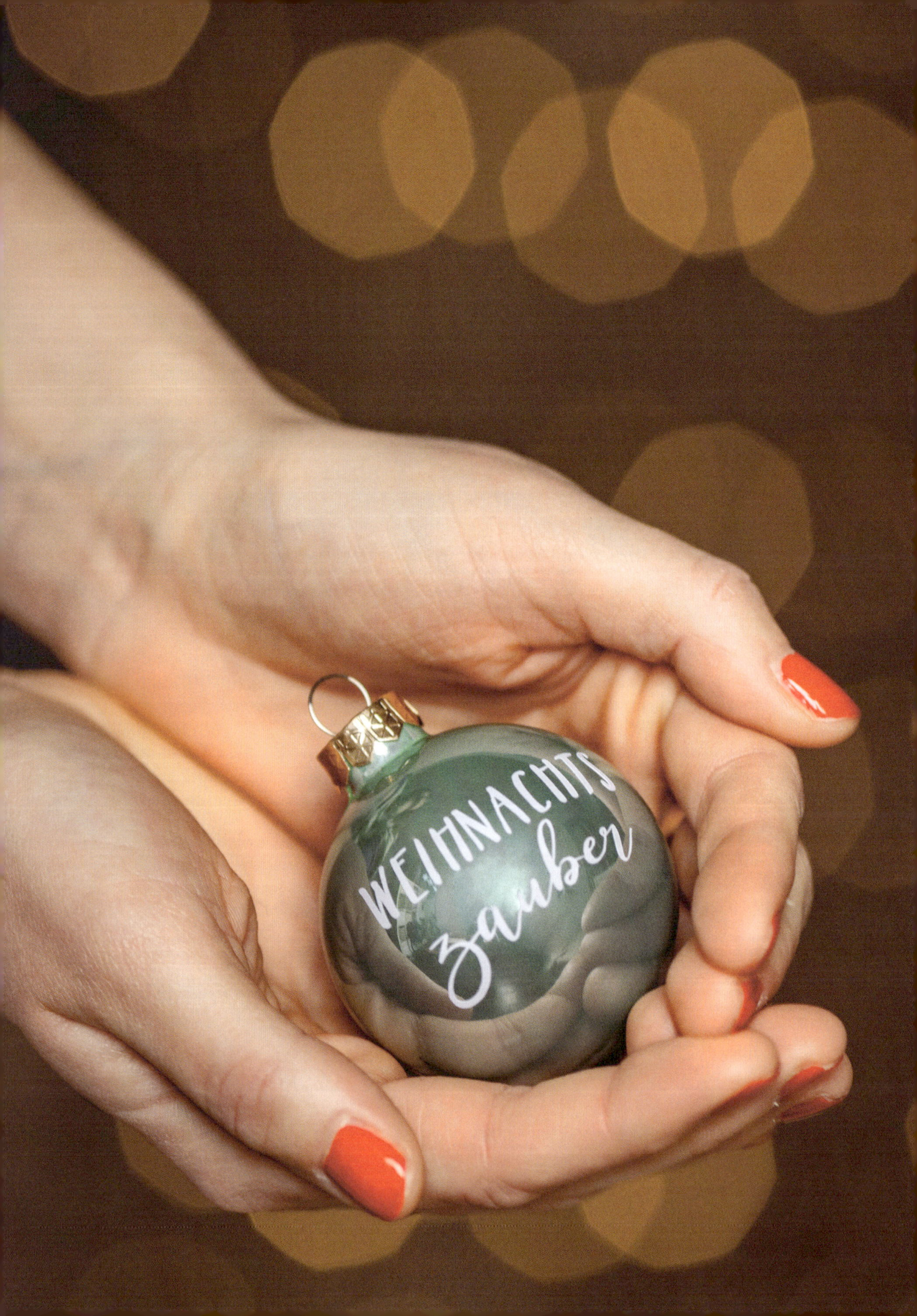
WEIHNACHTS
zauber

Zauberhafter Weihnachtsbaum

Du willst schöne personalisierte Kugeln für deinen Weihnachtsbaum? Gar kein Problem. Entweder du erstellst dir eine Datei selbst oder kaufst dir eine schöne Weihnachtsdatei. Ich arbeite hier mit einer Datei der lieben Anne von Pfanti.

Du benötigst: Silhouette-Plotter · Christbaumkugel · Vinylfolie · Entgitterhaken · Schneidematte · Schere · Rakel · Übertragungsfolie

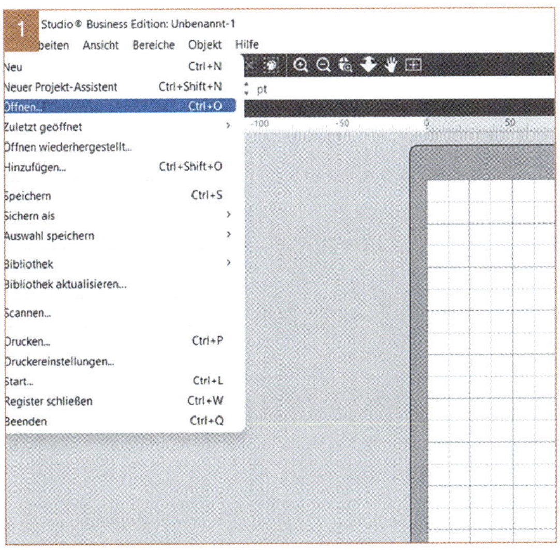

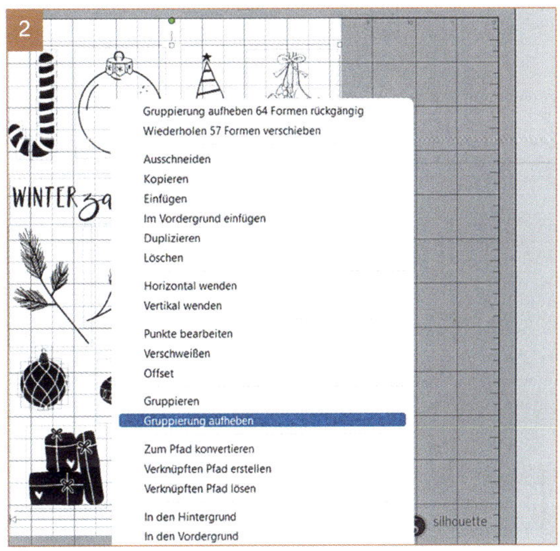

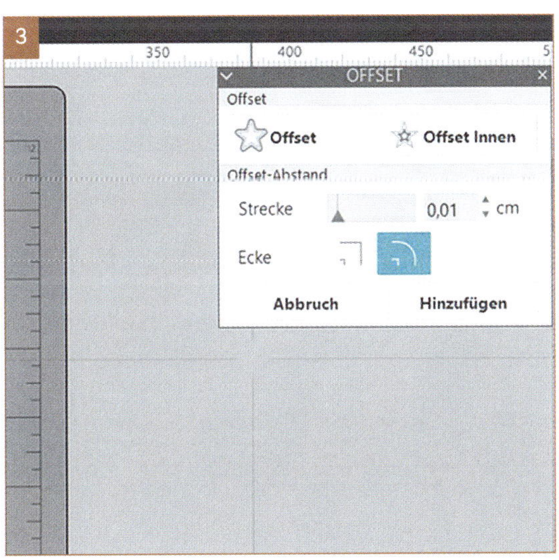

1. Öffne zunächst die Datei im Silhouette Studio.

2. Oft sind Motive mit mehreren anderen verbunden. Natürlich musst du nicht alle plotten. Durch Klicken der rechten Maustaste öffnest du einige Schnellwahlbefehle. Unter anderem findest du dort den Befehl »Gruppierung aufheben«.

4

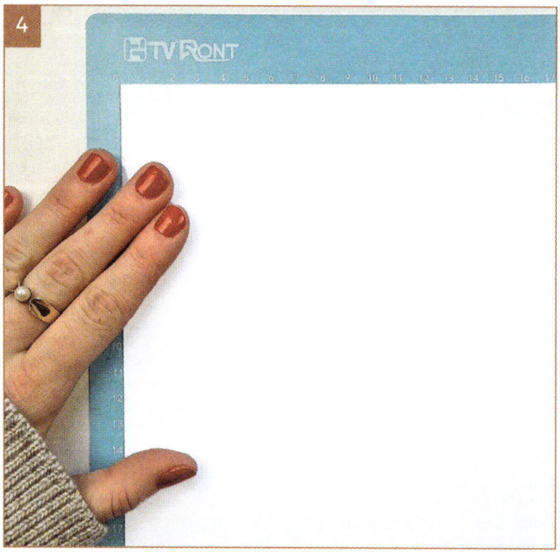

5

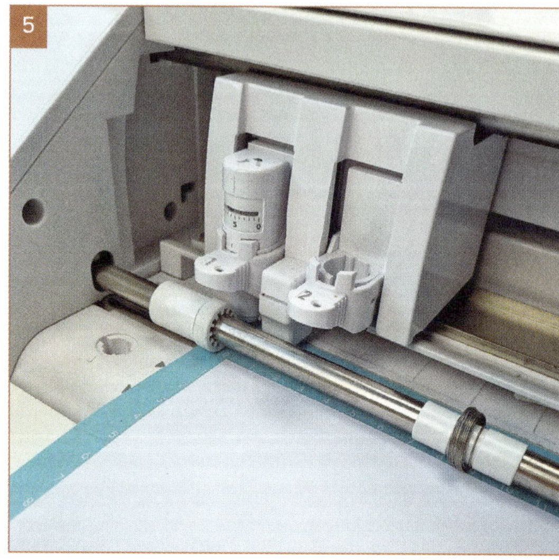

6

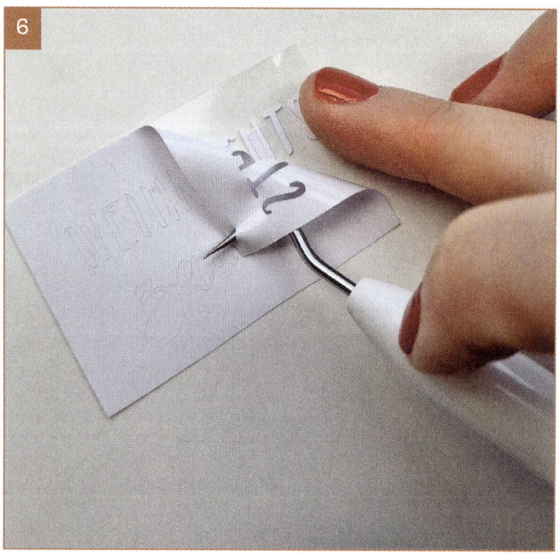

7

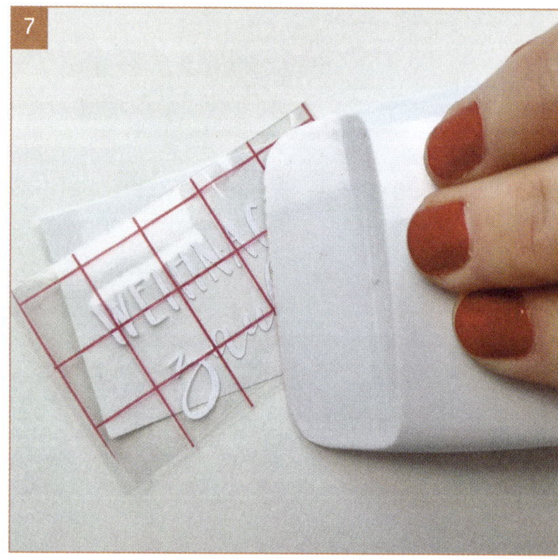

8

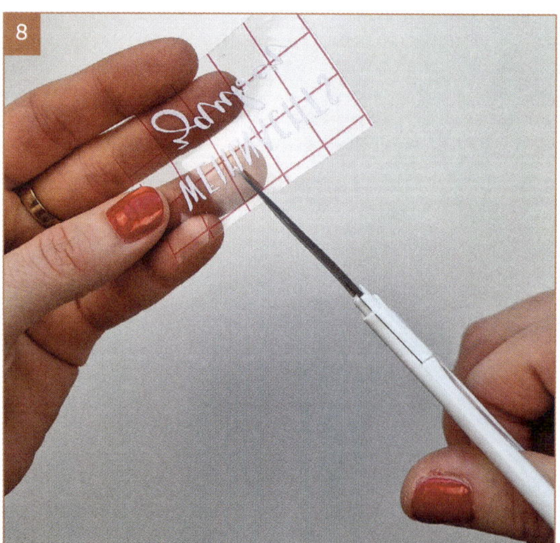

9

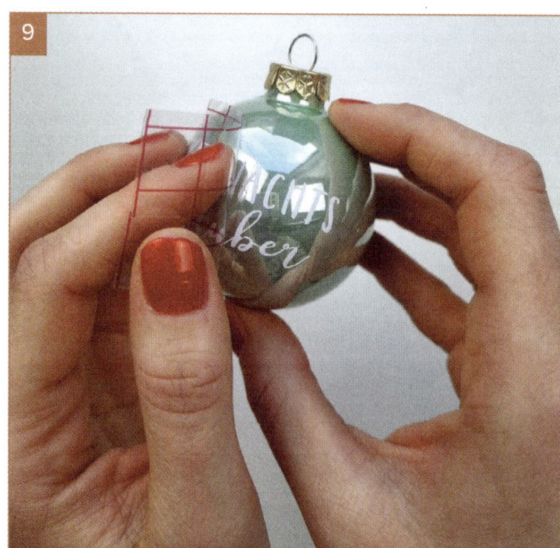

3. Wenn du das auswählst, kannst du Motive, die du nicht benötigst, löschen. Im Anschluss passt du dein Wunschmotiv an die geeignete Größe an. Miss dazu deine Kugel aus und entscheide, welche Größe du ansprechend findest. Wenn du das Gefühl hast, das Motiv könnte zu filigran sein, nutze die Offset-Funktion.

   Markiere das Motiv und suche am rechten Bildschirmrand den Stern mit der Außenlinie. Dann wählst du »Offset«, stellst 0,02 cm ein und klickst auf »Hinzufügen«. Markiere nun alles und wähle über die rechte Maustaste »Verschweißen« aus. Im Anschluss markierst du noch einmal alles und klickst über die rechte Maustaste auf »Verknüpften Pfad erstellen«. Nun ist dein komplettes Design miteinander verbunden und du kannst es nach Belieben verschieben.

4. Der Silhouette-Plotter schneidet die Folie immer dort, wo auch die Vorlage im Programm liegt. Gewöhne dir also am besten an, das Motiv am linken oberen Bildschirmrand zu positionieren oder dort, wo deine Folie liegt und du platzsparend arbeiten kannst.

5. Schließlich kannst du das Motiv an den Plotter senden.

   Wenn das Automatikmesser eingelegt ist, musst du nichts weiter tun, als das Material zu wählen. (Bei dem manuellen Messer müsste die Schnitttiefe per Hand eingestellt werden.) In meinem Fall ist das »Vinyl matt«. Am besten macht man einen Testschnitt, um zu sehen, ob Druck oder Geschwindigkeit angepasst werden müssen. Generell ist Vinyl manchmal nicht so leicht zu verarbeiten. Die Geschwindigkeit auf Stufe 1 zu stellen, kann Wunder wirken.

6. Greife nun zum Entgitterhaken und befreie dein Schnittergebnis von der überschüssigen Folie. Ich fange gern mit den Zwischenräumen an und ziehe erst am Ende alles außen herum ab.

7. Als Nächstes legst du die Übertragungsfolie mit der klebenden Seite auf das Motiv und fährst mit der Rakel und etwas Druck darüber.

   Schau nun, ob die Vinylfolie haften bleibt, sonst rakle erneut und versuche es wieder. Auch dieser Prozess ist fummelig und mit Geduld verbunden.

8. Ist das Motiv auf der Folie, schneidest du diese etwas ein. Dies erleichtert generell das Aufbringen auf gebogenen Untergründen.

9. Zum Schluss das Ganze auf die Kugel kleben und wieder vorsichtig die Rakel nutzen, um die Vinylfolie auf die Kugel zu übertragen. Ziehe dann die Übertragungsfolie ab.

   Obwohl normalerweise wiederverwendbar, ist die Folie es dieses Mal aufgrund der Einschnitte leider nicht. Sollte das Motiv an manchen Stellen nicht optimal haften, kannst du die Kugel kurz anföhnen und die Folie andrücken.

   Fertig ist deine Christbaumkugel-Kreation – ideal zum Verschenken oder Schmücken des eigenen Weihnachtsbaums.

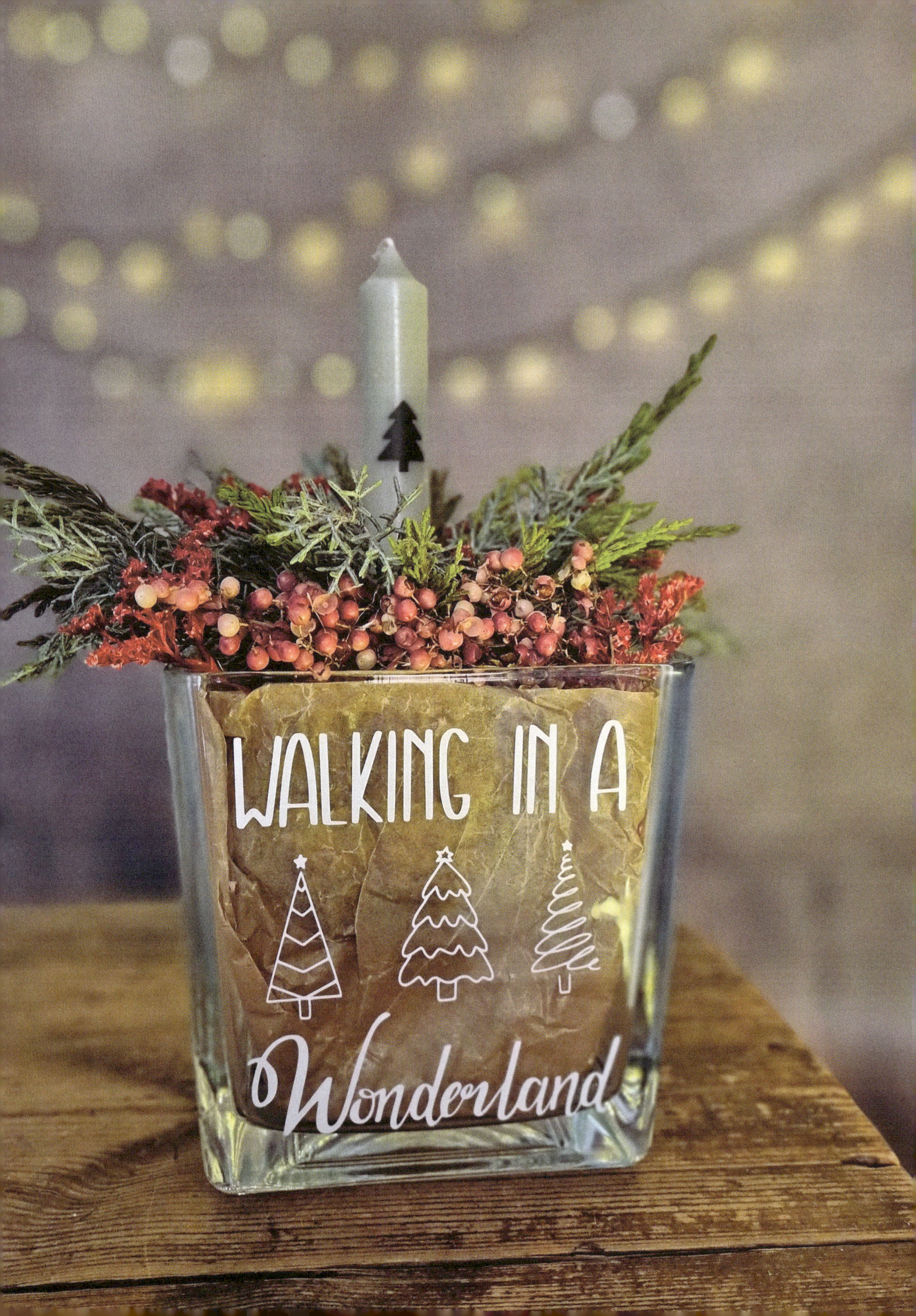
WALKING IN A
Wonderland

Walking in a Winter Wonderland

Ein weihnachtliches Gesteck darf auf keinen Fall fehlen. Darum beplotten wir ein schönes Glasgefäß und füllen es im Anschluss mit Steckmasse und Tannengrün.

Du benötigst: Juliet-Plotter · Glasgefäß · Vinylfolie · Entgitterhaken · Schneidematte · Schere · Rakel · Übertragungsfolie · Steckmasse · ggf. Backpapier · Kerze · Tannengrün

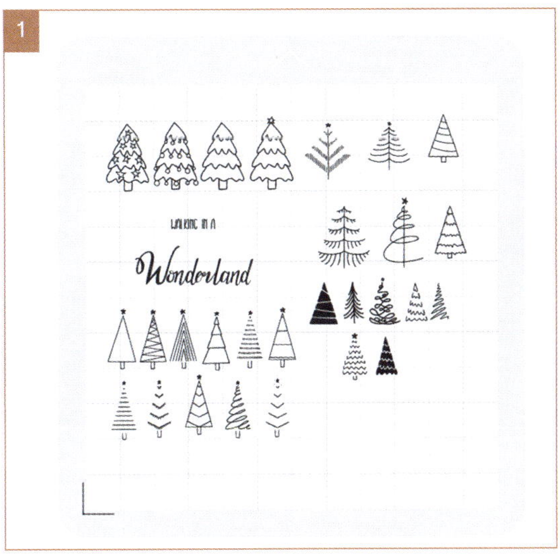

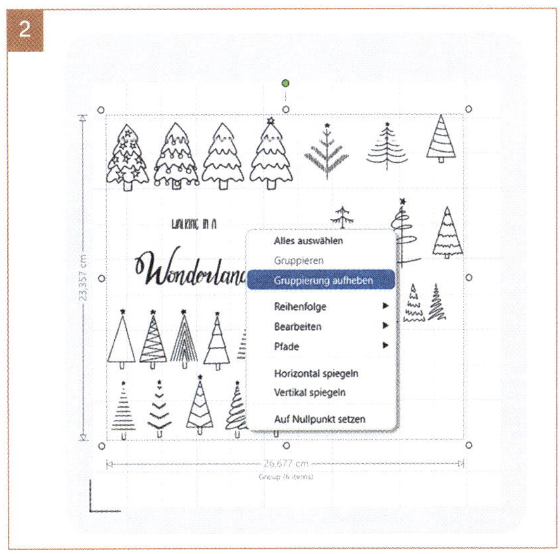

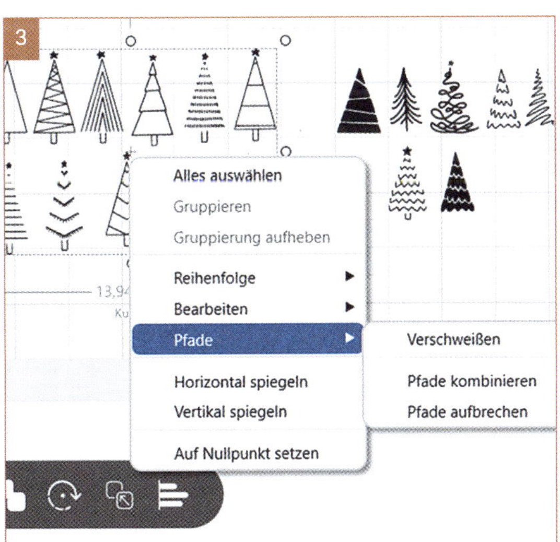

1. Du hast eine große Datei mit vielen Motiven und willst dir deinen Plott selbst zusammenstellen?

   Füge zunächst die Datei ins Leonardo Design Studio ein. Ich habe mich hier für die Datei von Ellen entschieden.

2. Dann markierst du alles und über die rechte Maustaste wählst du »Gruppierung aufheben« aus.

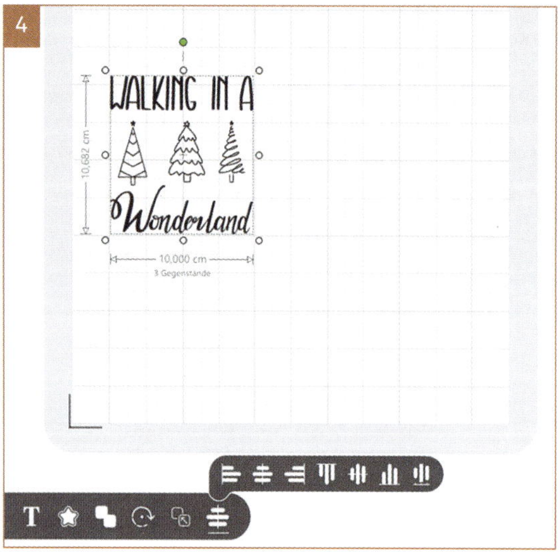

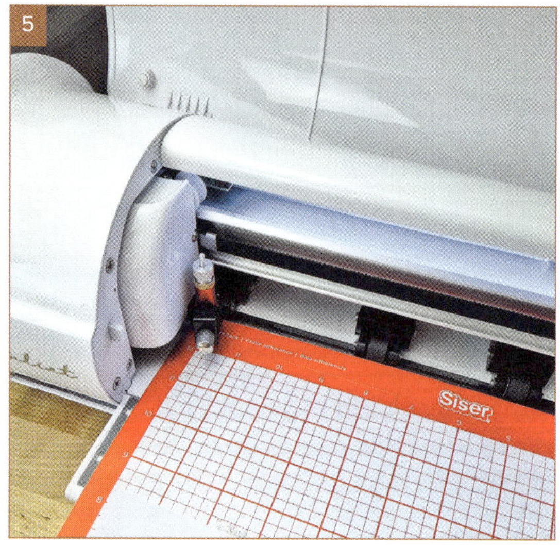

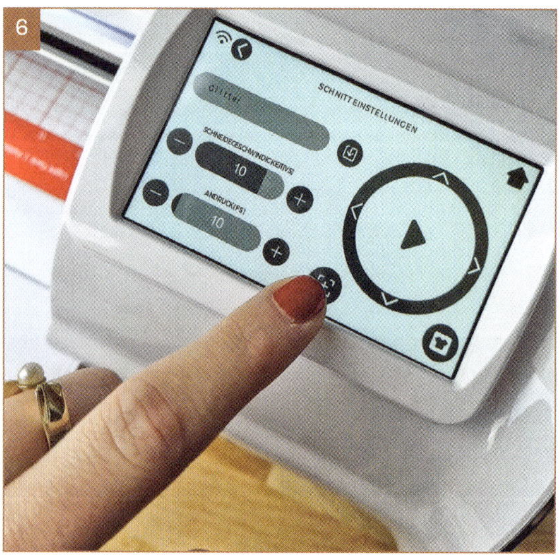

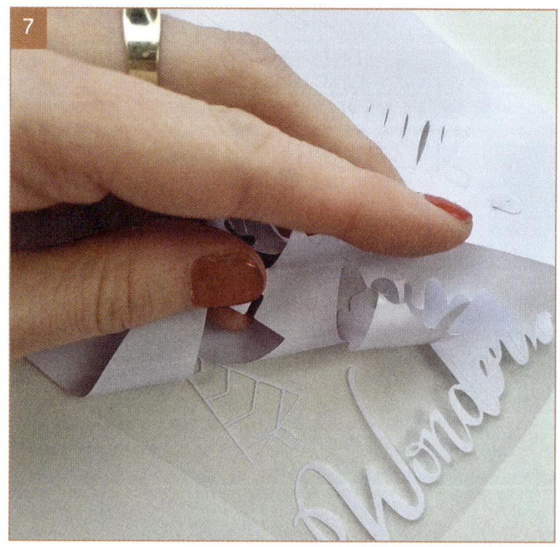

3. Sind danach noch immer Motive verbunden, kannst du die Pfade aufbrechen. Auch dies findest du über die rechte Maustaste. Erschrecke nicht, danach sind einige Flächen schwarz. Sobald du aber das Objekt markierst und wieder »Pfade kombinieren« wählst, sieht es aus wie vorher. In diesem Fall kombinierst du die Pfade der drei Tannenbäume, die du nutzen möchtest. Danach kannst du einfach alle anderen Bäumchen aus dem Bild löschen.

4. Schiebe die drei gewählten Bäume zwischen das »Walking in a« und »Wonderland«, richte sie aus und nimm eine Gruppierung vor.

5. Miss nun die Fläche deines Gefäßes aus und passe die Maße an.

Im nächsten Schritt kann geplottet werden. Denk daran, dein Juliet-Plotter startet unten links mit dem Schneidevorgang. Mit dem Viereck links neben dem großen Kreis findet der Plotter seinen Nullpunkt.

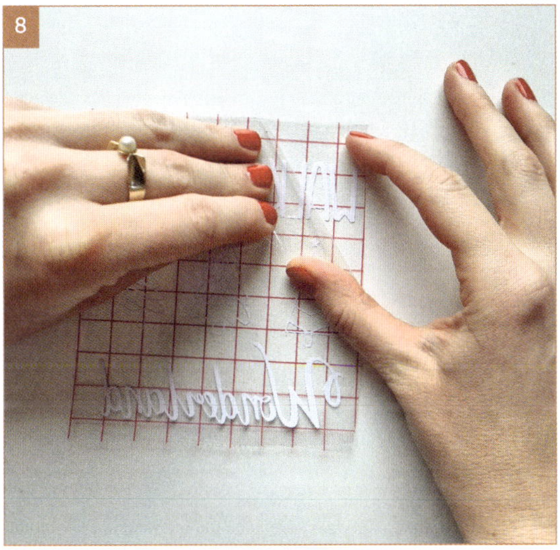

8

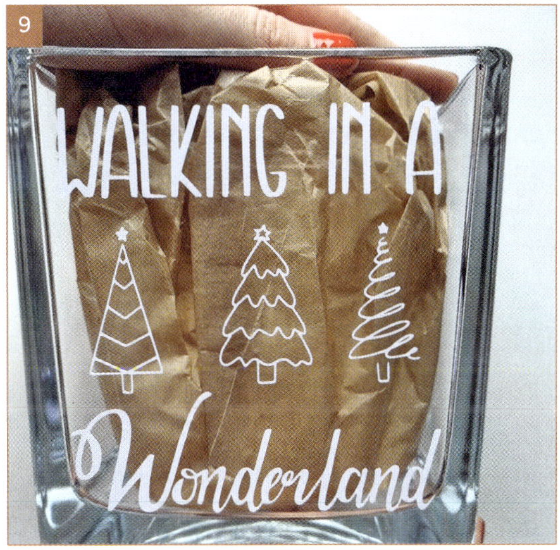

9

6. Die Schneideeinstellungen für Vinylfolie kannst du dir selbst anlegen. Ich nutze die Stufe 10 der Schnittgeschwindigkeit und auch des Aufpressdrucks.

7. Wenn das Schneiden beendet ist, kannst du das Motiv entgittern. Ich beginne dabei am liebsten mit den Zwischenräumen.

8. Im Anschluss legst du Übertragungsfolie mit der klebenden Seite auf das Motiv und gehst mit einer Rakel und etwas Druck darüber. Sollte das Motiv noch nicht haften, drehe die Folienkombination mit der Übertragungsfolie nach unten und ziehe vorsichtig die Trägerfolie vom Motiv ab.

   Als Nächstes musst du dein Gefäß mit etwas Glasreiniger säubern, bevor du die Übertragungsfolie inklusive Motiv auf das Gefäß kleben kannst. Danach mit der Rakel darübergehen und die Übertragungsfolie vorsichtig abziehen.

9. Ist das Gefäß durchsichtig, solltest du die mit Wasser vollgesaugte Steckmasse in Backpapier wickeln, bevor sie ins Gefäß kommt.

   Zuletzt kommt das Tannengrün und nach Belieben weiteres pflanzliches Deko-Material hinzu sowie eine Kerze, und schon hast du ein weihnachtliches Tischgesteck gezaubert.

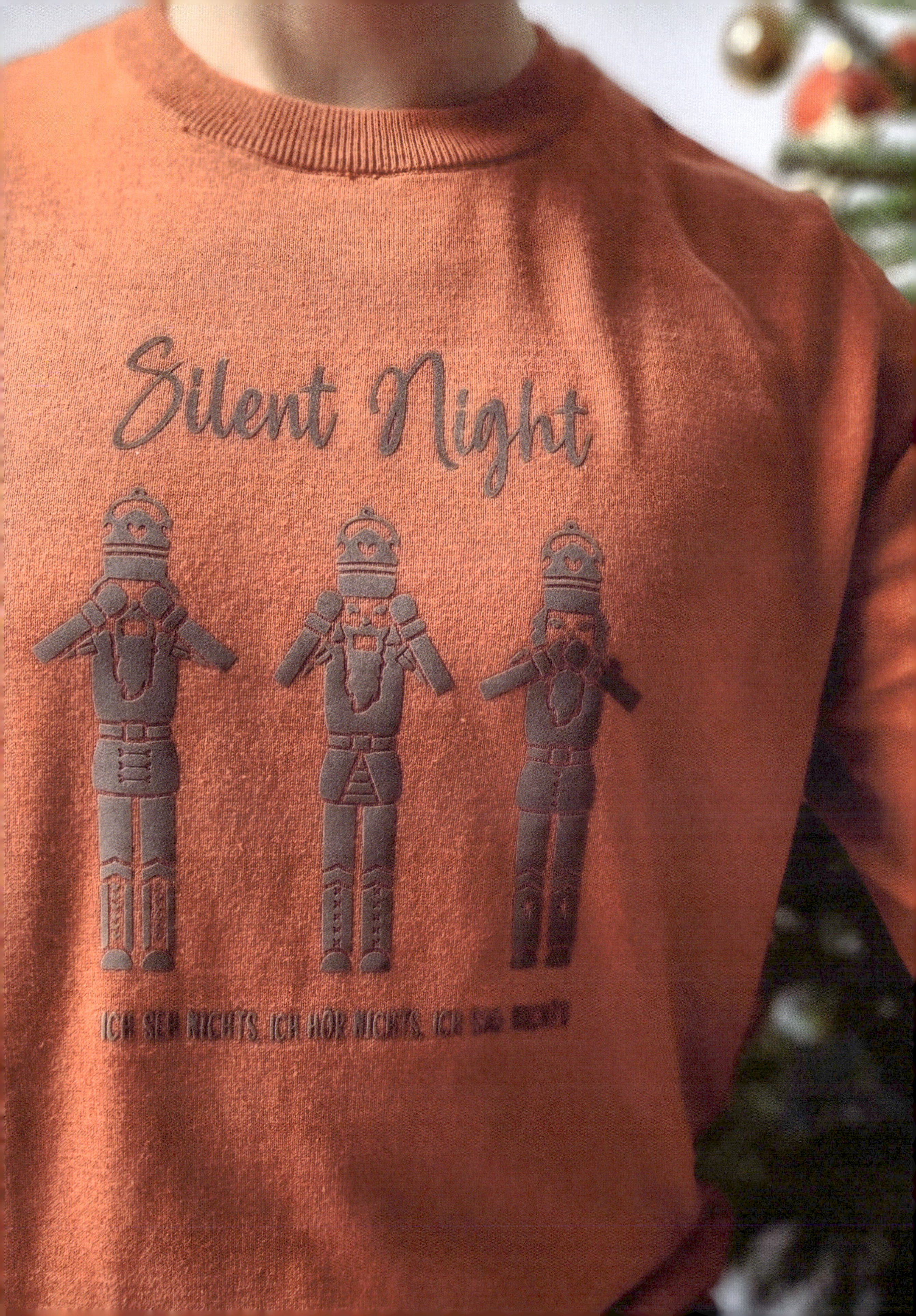
Silent Night
ICH SEH NICHTS, ICH HÖR NICHTS, ICH

Stille Nacht

Da Mama und Kind schon mit Weihnachtspullovern versorgt sind, ist jetzt der Papa dran.

Du benötigst: Silhouette-Plotter · Pullover · Flockfolie · Schneidematte · Entgitterhaken · Backpapier · Bügeleisen oder Pressgerät deiner Wahl

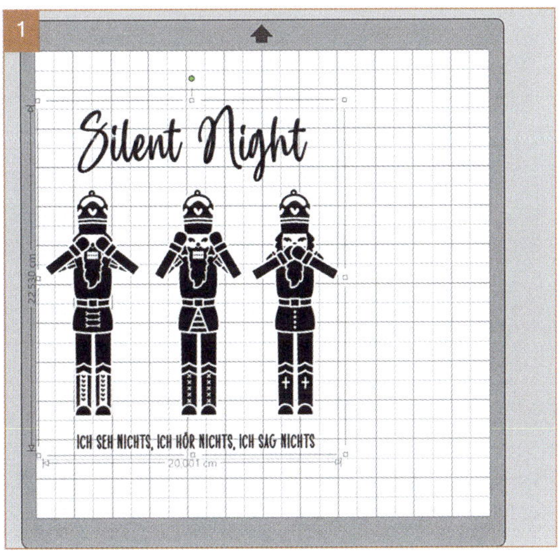

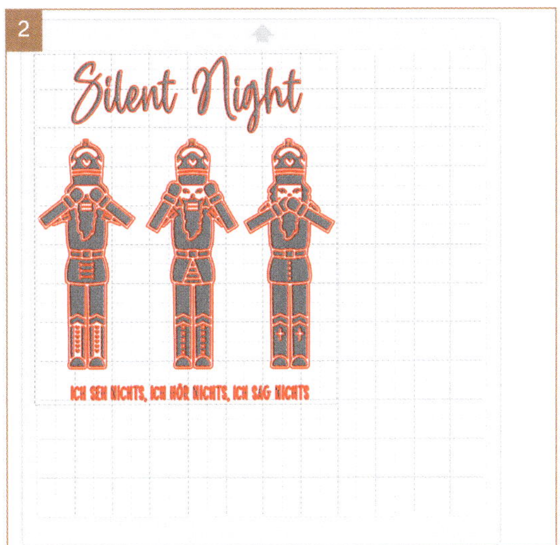

1. Füge zunächst die Datei ins Silhouette Studio ein. Dafür klickst du auf »Datei«, danach auf »Öffnen« und wählst deine Datei aus. Nun kannst du die Größe an dein Wunschformat anpassen. Schließe hierzu das Schloss, um Länge und Breite im Verhältnis zueinander zu bearbeiten.

2. Nun kannst du das Motiv senden. Dort wird dir eine große Materialauswahl vorgeschlagen. Wähle »Wärmeübertragungsfolie beflockt« aus.

   Mach einen Testschnitt, um zu sehen, ob die Einstellungen für dein Material passen, wenn nicht, erhöhe die Messertiefe und versuche es noch mal.

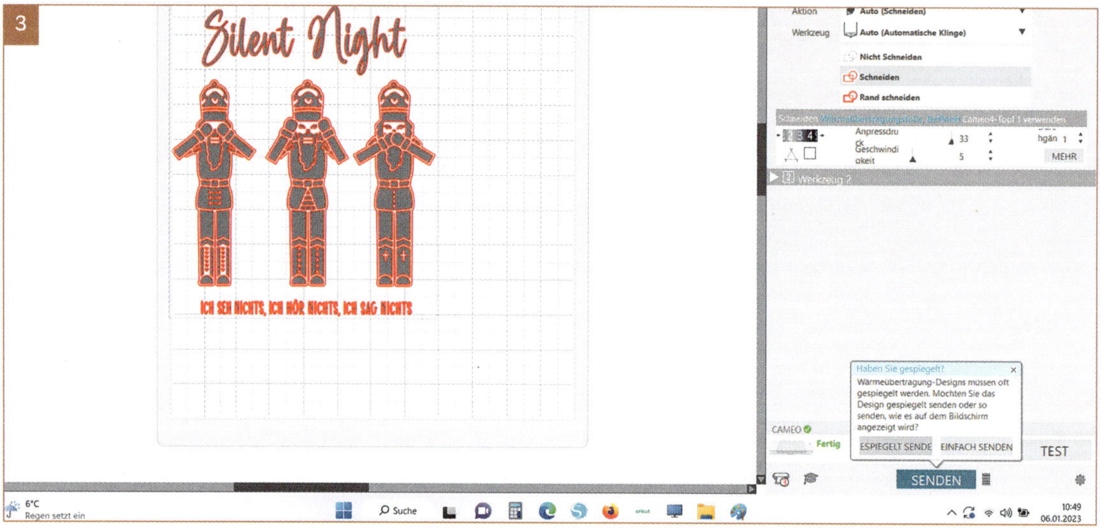

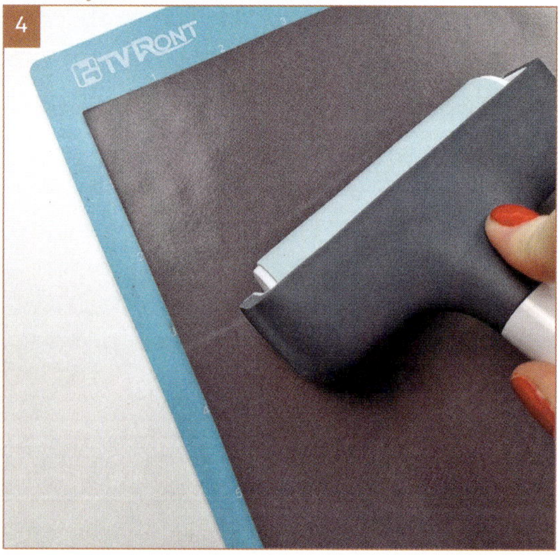

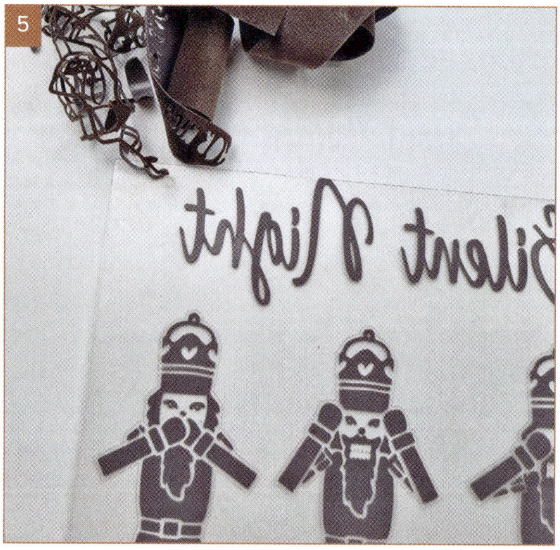

3. Wichtig ist, das Motiv gespiegelt zu senden.

4. Das Spiegeln musst du auch beim Aufbringen der Folie auf die Matte beachten und entsprechend die Folie auf der rechten Seite anbringen oder das Motiv im Programm nach rechts schieben und die Folie links lassen. Achtung, auf dem Bildschirm zeigt er dir dies nämlich nicht an. Du denkst, er fängt dort an zu schneiden, wo das Motiv liegt, er tut es aber auf der anderen Seite.

Generell schneidet ein Silhouette-Plotter das Motiv immer genau dort, wo es dir auf dem Bildschirm angezeigt wird. Gewöhne dir also am besten an, das Motiv immer oben links abzulegen.

5. Wenn der Schneidevorgang beendet ist, beginnt das Entgittern. Nutze hierzu einen Entgitterhaken. Solltest du keinen haben, eignet sich auch ein Nahttrenner.

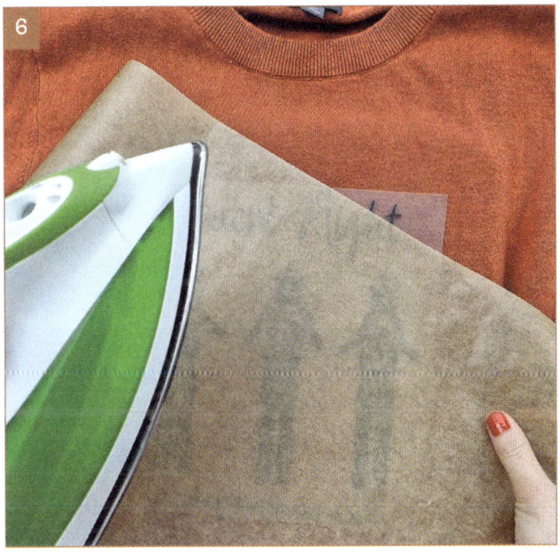

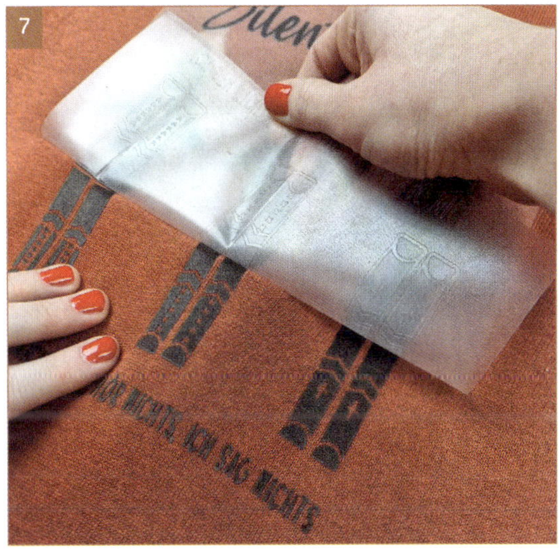

Wenn du damit fertig bist, heizt du dein Bügeleisen auf die Baumwollstufe auf. Suche dir eine hitzebeständige Oberfläche. Im Anschluss presst du den Pullover vor, um die Feuchtigkeit aus dem Textil zu ziehen, auf diese Weise hält die Folie später besser. Nun legst du das Motiv mit der klebenden Seite an die Stelle, an die du es aufbringen möchtest.

6. Lege Backpapier auf dein Motiv und presse das Bügeleisen für etwa 30 Sekunden darauf. Wichtig ist dabei, keine Bügelbewegung zu machen, sondern zu pressen.

7. Flockfolie zieht man kalt ab. Lass also die Folie erkalten und schau, ob sich das Motiv überall mit dem Pullover verbunden hat. Reiße die Übertragungsfolie nicht einfach ab, sondern löse sie vorsichtig Stück für Stück. Wenn alles verbunden ist, kannst du die Übertragungsfolie entfernen, wenn nicht, wiederhole den Pressvorgang.

   Nach dem Ablösen der Übertragungsfolie legst du für einen weiteren Pressvorgang erneut Backpapier auf das Motiv. Danach wendest du die Innenseite des Pullovers nach außen und presst auch noch mal von dieser Seite auf das Motiv.

So kannst du auch mit einem Bügeleisen eine gute Haltbarkeit erzielen. Am besten eignet sich ein Reisebügeleisen, weil es keine Löcher hat.

Und nun Pulli an und die Stille Nacht genießen!

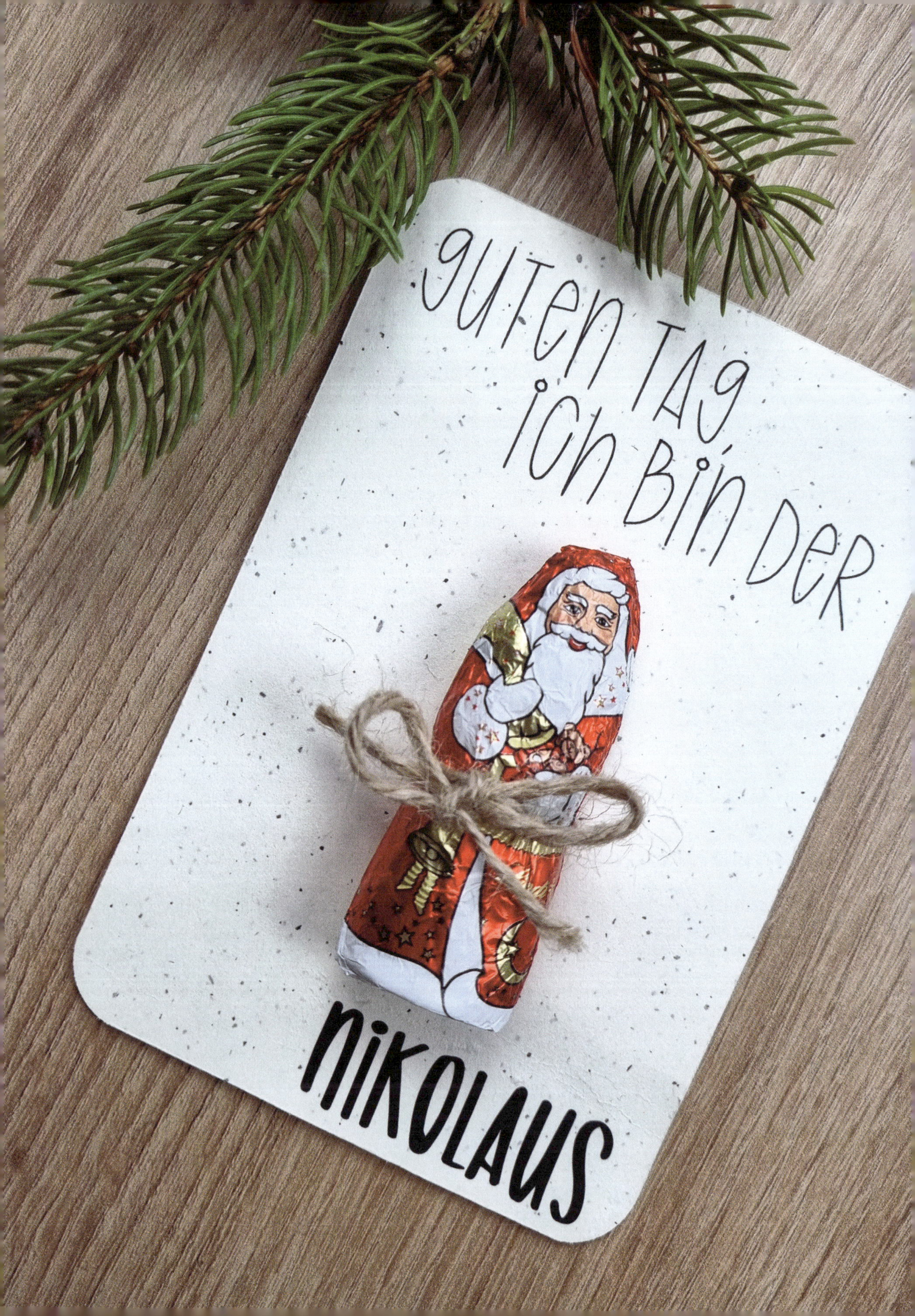
guten Tag
ich bin der
nikolaus

Süße Grüße zum Nikolaustag

Hiermit kannst du ganz leicht eine kleine Freude verschenken – an Familienmitglieder oder auch das ganze Team bei deiner Arbeit.

Du benötigst: Cricut-Plotter · 2 Feinschnittklingen · Entgitterhaken · Schere · Rakel · Schneidematte · Kraftpapier · Juteband · Schaumstoffklebeband · Vinylfolie · Übertragungsfolie · kleinen Schokoladenweihnachtsmann · Stift deiner Wahl für deinen Cricut

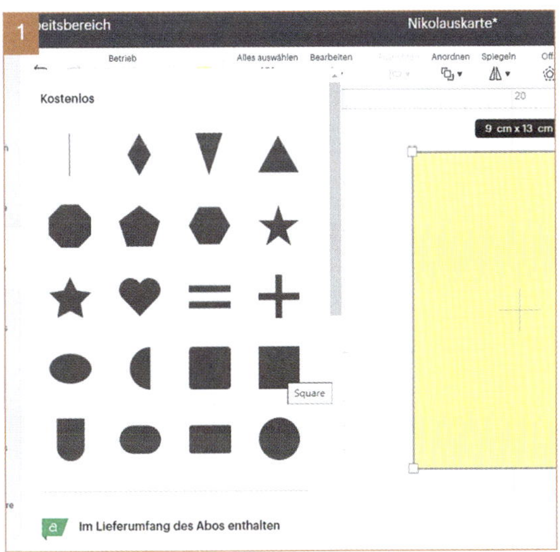

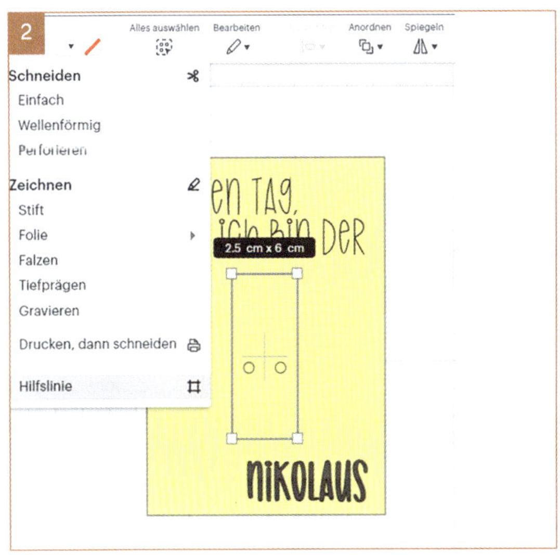

1. Zunächst fügst du ein Quadrat ins Design Space ein, öffnest das Schloss und gibst die Maße 9 × 13 cm ein.

2. Nun misst du die Schokoladenfigur aus und fügst ein zweites Quadrat in ungefähr dieser Größe ein. Wähle unter »Betrieb« »Hilfslinie« aus, dann hast du einen Platzhalter, musst aber beim Plotten nichts beachten.

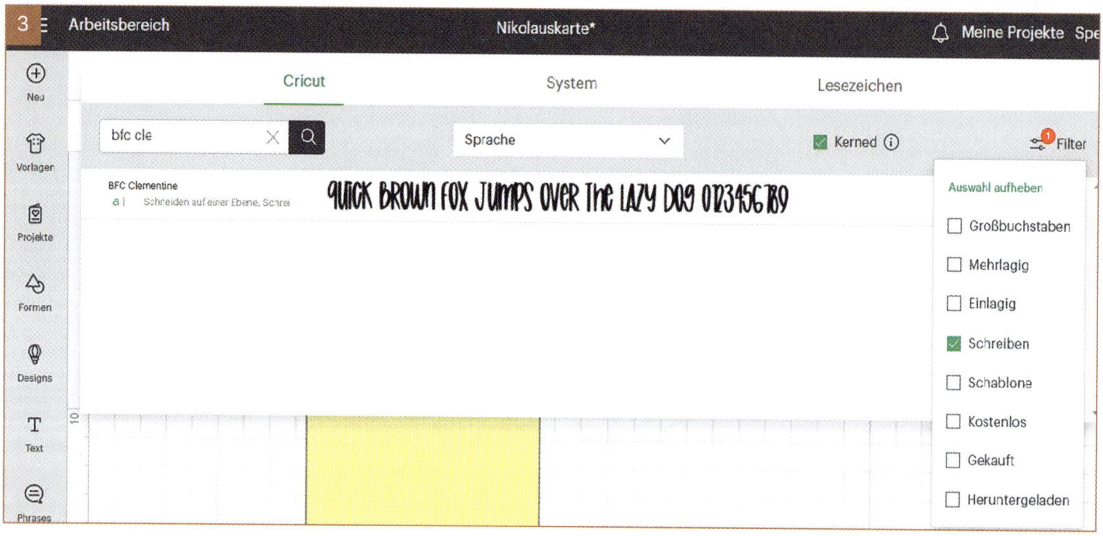

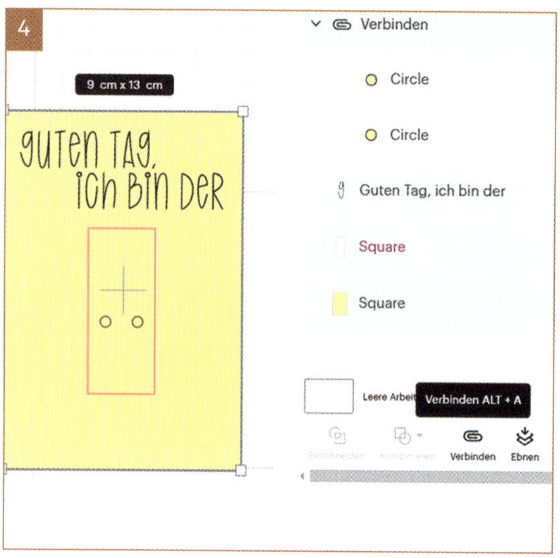

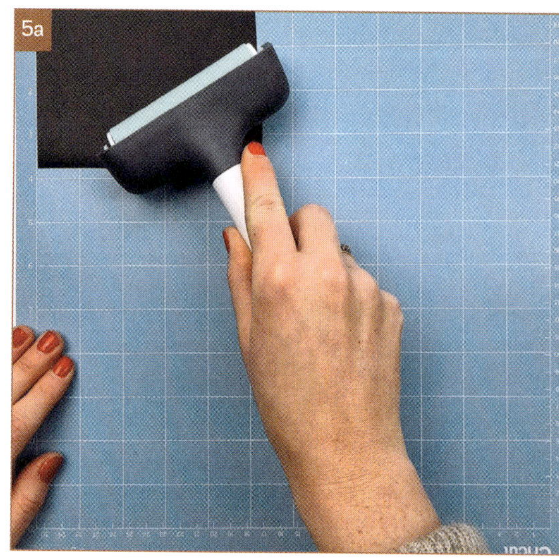

3. Suche dir eine Schriftart aus. Ich habe mich hier für BFC Clementine entschieden.

4. Ein Teil des Textes soll mit Stift geschrieben und der andere aus Vinylfolie geplottet werden. Tippe beide Texte ein und ändere bei dem Text zum Schreiben die Einstellung von »Standard« auf »Schreibschrift«. Das Programm ändert nun automatisch die Dicke der Schrift und das Werkzeug zu Stift. Mithilfe des Hilfslinien-Rechtecks kannst du die Schrift auf der Karte ausrichten. Den geschriebenen Text verbindest du nun mit der Karte. Den Vinyltext lässt du vorerst außer Acht, da dieser separat geplottet wird. Um den Weihnachtsmann schön befestigen zu können, fügst du zwei kleine Kreise mit 0,4 cm Höhe und Breite ein. Diese richtest du auf deiner Karte aus und verbindest erneut.

Durch das Verbinden weiß der Plotter, dass er alle Schritte nacheinander ausführen soll. Erst schreiben und im Anschluss das Rechteck und die Löcher ausschneiden.

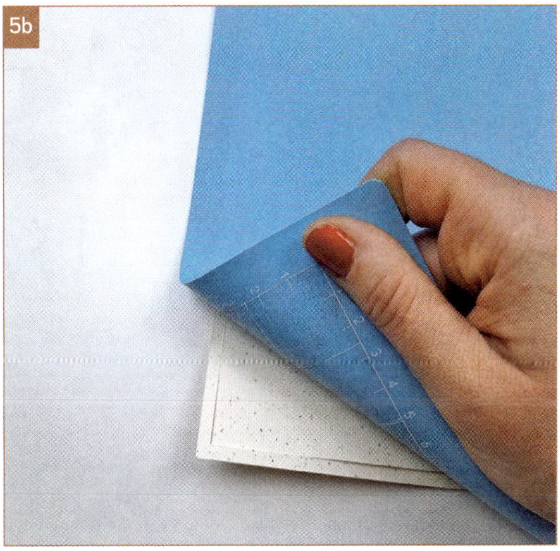
5b

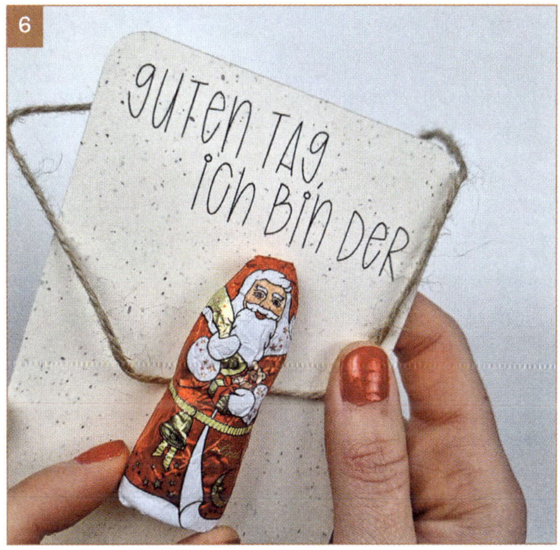

6

Nach Anklicken des Befehls »Herstellen« positioniert das Programm die zwei Materialien, in unserem Fall Kraftpapier und Vinylfolie, auf zwei Matten und du kannst mit dem Plotten beginnen. Für das Kraftpapier musst du auch den Stift einspannen. Vergiss auch nicht, dass du Papier und Folie mit unterschiedlichen Klingen schneiden solltest. Dein Plotter wird erst schreiben und dann schneiden. Bei zwei Materialien musst du darauf achten, Material 1 auf Material 2 zu ändern, sobald dieses geschnitten ist.

5. Drücke nun jeweils das zu schneidende Material gut an deine Matte an, damit nichts verrutscht. Diesen Schritt führst du sowohl mit dem Kraftpapier als auch der Vinylfolie aus. Denk daran, am Ende die Matte von der Karte abzuziehen und nicht andersherum, damit sich das Papier nicht wellt.

Nach dem Schnitt befreist du die Schrift aus Vinyl von der überschüssigen Folie, nimmst sie mithilfe der Transferfolie ab und überträgst sie so auf deine Karte. Sei vorsichtig, das Papier ist empfindlich, nimm also nicht das neuste Stück Transferfolie.

6. Zum Schluss klebst du den Weihnachtsmann auf die Karte und bindest ihn zusätzlich mit dem Juteband fest.

Jetzt bloß schnell verschenken, nicht, dass du alle Männchen noch selbst aufisst.

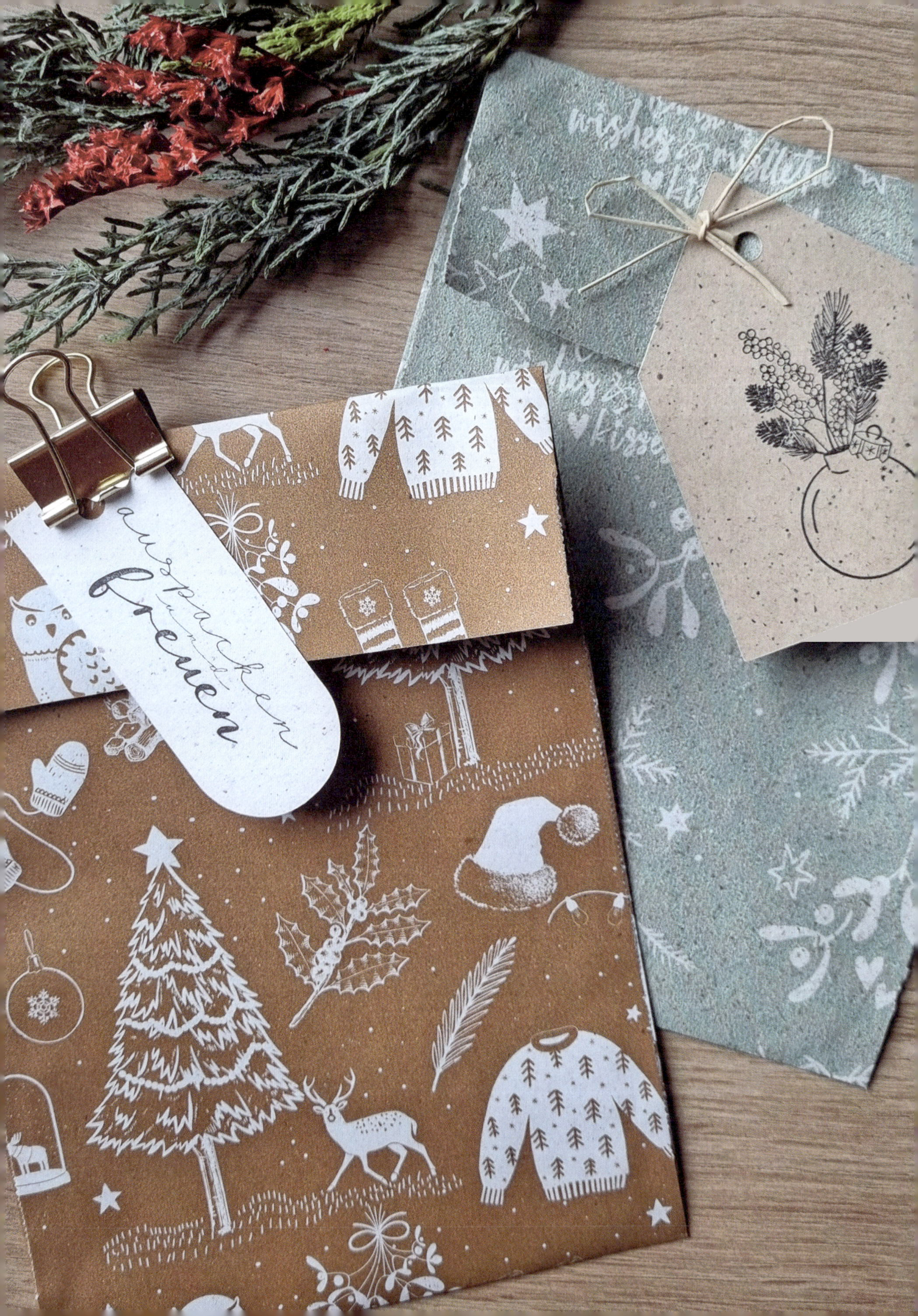
auspacken
und
freuen

Echter Hingucker für Geschenke

Hast du auch schon mal beim Einpacken gedacht, dass hier noch eine Kleinigkeit fehlt? Dann ist dieser Anhänger aus Acryl die perfekte Lösung für dein Problem.

Du benötigst: Cricut-Plotter · Anhängerrohling · Strong-Grip-Schneidematte · Gravurspitze · Malerkrepp zum Fixieren

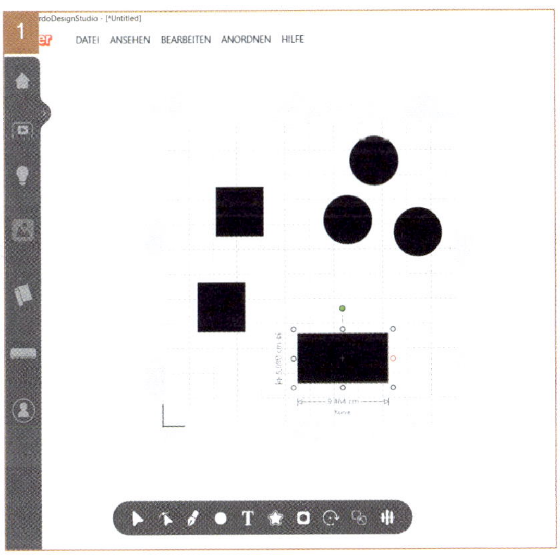

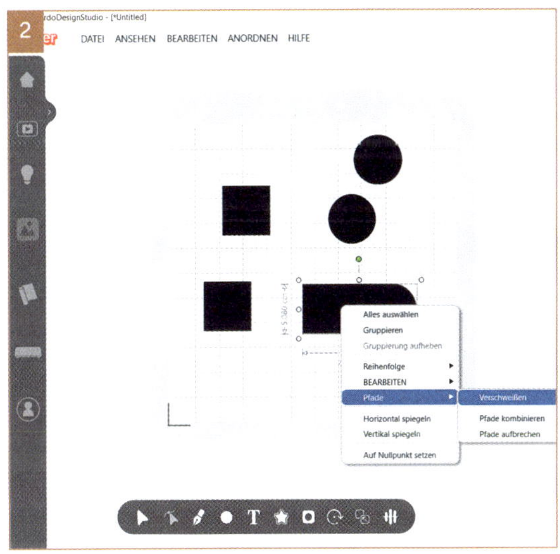

1. Als Erstes fügst du im Design Space einen Kreis in der Größe deines gewählten Anhängers ein.

   Im Anschluss änderst du unter »Betrieb« die Einstellung von »Einfach« auf »Gravieren«. Diesen Schritt benötigst du, damit am Ende beim Herstellungsprozess sowohl der Kreis als auch dein zu gravierendes Motiv auf derselben Matte positioniert werden. Der Kreis dient dabei lediglich als Ausrichtungshilfe.

2. Im nächsten Schritt öffnest du den Reiter »Designs« und suchst nach »Weihnachten«. Stelle dabei als Filteroption »Nur zeichnen« ein.

3
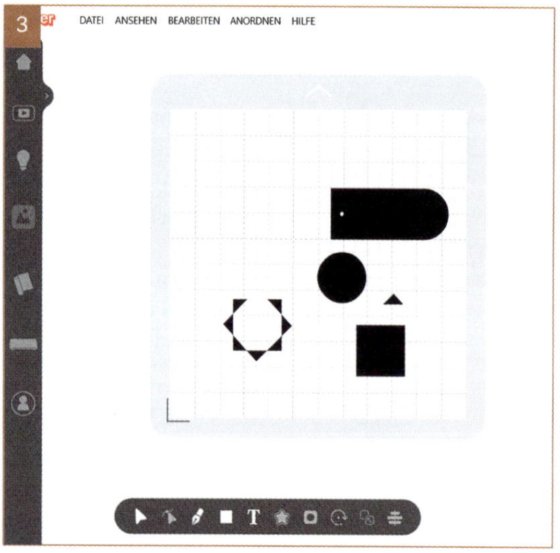

4
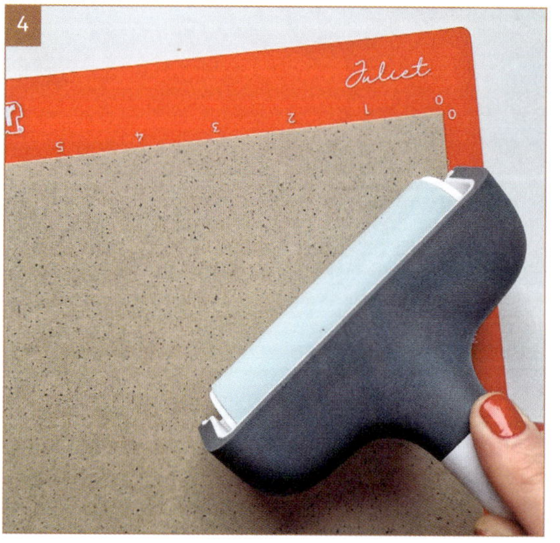

5
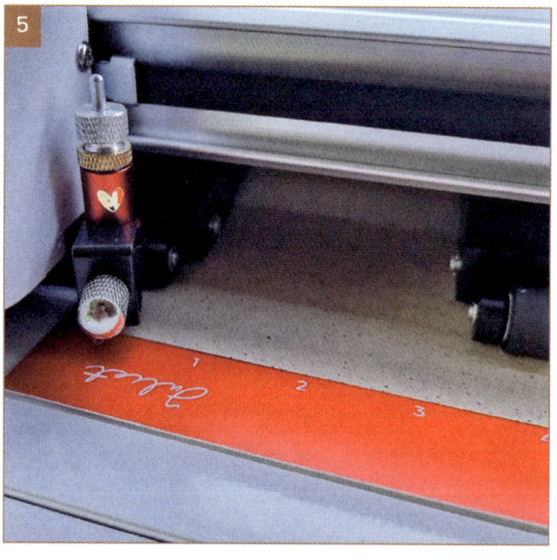

6
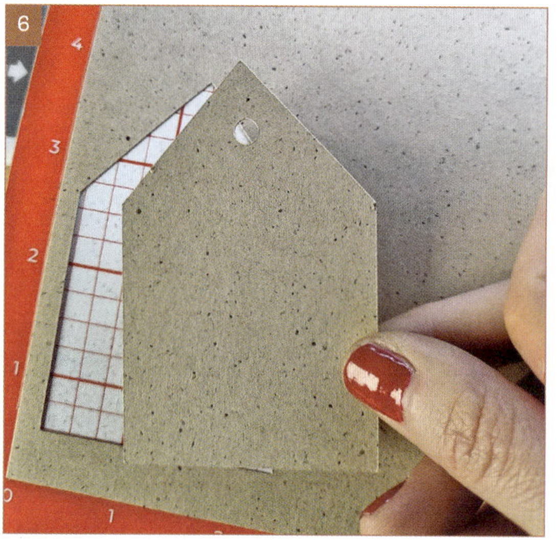

3. Wähle ein Motiv, das dir gefällt, füge es in den Arbeitsbereich ein und wähle unter »Betrieb« »Gravieren« aus.

   Passe nun die Größe des Motivs an deinen Kreis an. Das Motiv spiegelst du am besten, dann ist nach dem Gravieren die schöne Seite vorne (macht allerdings nur Sinn bei durchsichtigen Materialien).

4. Zieh die Schutzfolie von der Acrylscheibe ab.

5. Jetzt kann die Herstellung beginnen. Lege die Gravurspitze in dein Gerät ein.

6. Bringe als Nächstes den Anhänger auf der Matte auf. Hierbei ist etwas Geschick nötig, um die perfekte Ausrichtung zu erhalten. Orientiere dich dazu am besten im metrischen Teil der Matte am 5-cm-Punkt sowohl nach oben als auch nach unten und drücke die Scheibe auf die Matte. Der Kreis im Programm hilft dir dann bei der Ausrichtung des Motivs.

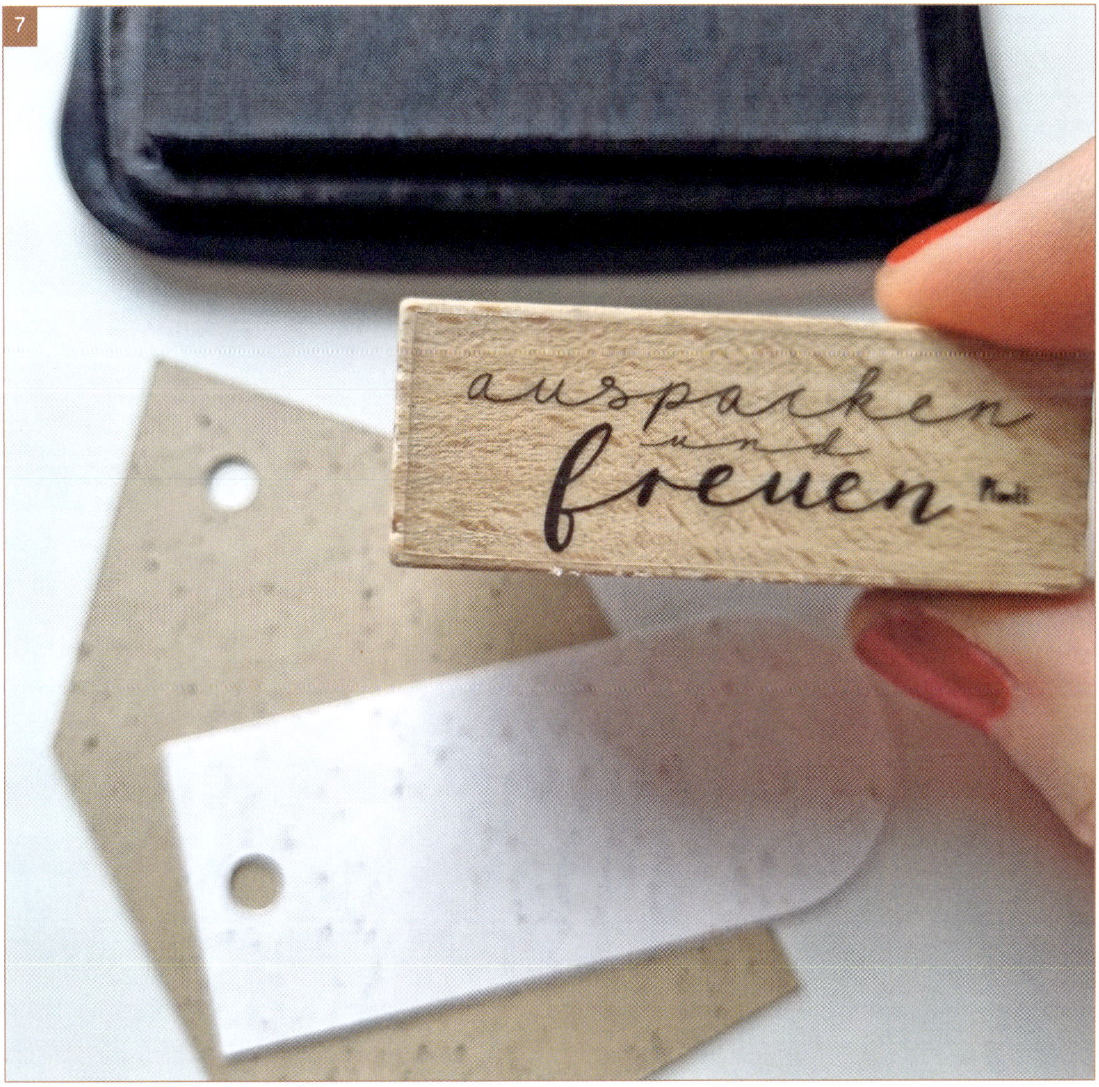

Er dient dir als Hilfslinie, um dein Motiv auch digital am oben beschriebenen 5-cm-Punkt ablegen zu können. Wenn also die Scheibe auf der Matte an der richtigen Stelle klebt und du das Motiv im Programm mittig auf deinem Hilfslinienkreis angeordnet hast, klicke den Kreis an, drücke die Punkte und nimm »Auswahl vergeben« . Fixiere das Ganze nun an den Rändern mit etwas Malerkrepp.

7. Vergiss nicht, die weißen Räder des Plotters an den Rand zu schieben, sonst fährt er damit über deine Scheibe.

Wähle nun »Acryl, stark (2 mm)« als Material aus und leg los.

Nach dem Gravieren kann der Anhänger direkt am Geschenk angebracht werden.

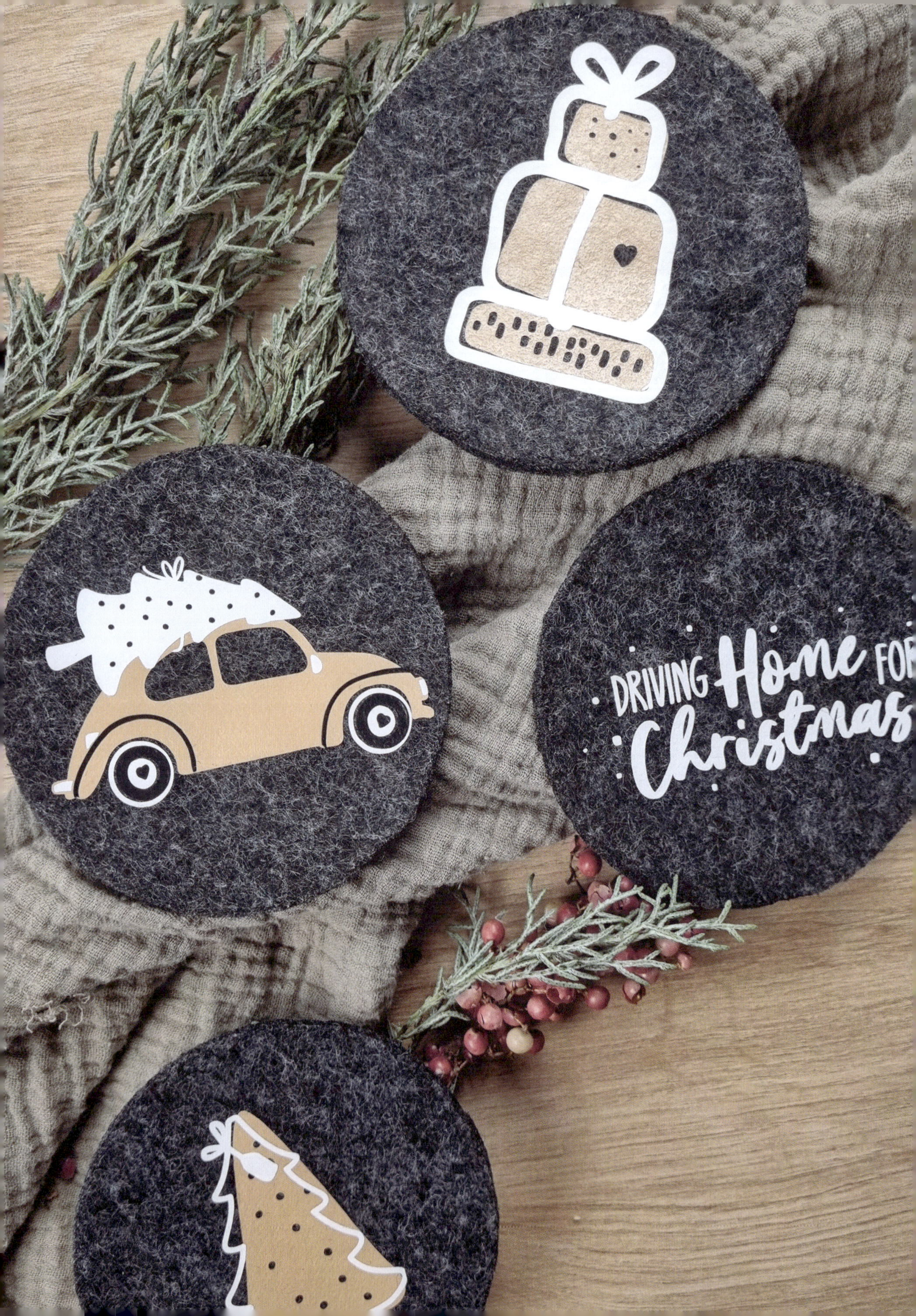
DRIVING Home FOR
Christmas

Festliche Filzuntersetzer

Natürlich könnte man einfach ein paar schöne Glasuntersetzer kaufen und beplotten, aber warum nicht einfach Filzuntersetzer komplett selbst herstellen?

Du benötigst: Silhouette-Plotter · 3 mm dicken Filz in der Farbe deiner Wahl · Strong-Grip-Schneidematte · Kraftmesser · Malerkrepp zum Fixieren · Schere · Entgitterhaken · Flexfolie · Pressgerät deiner Wahl · Feuerzeug

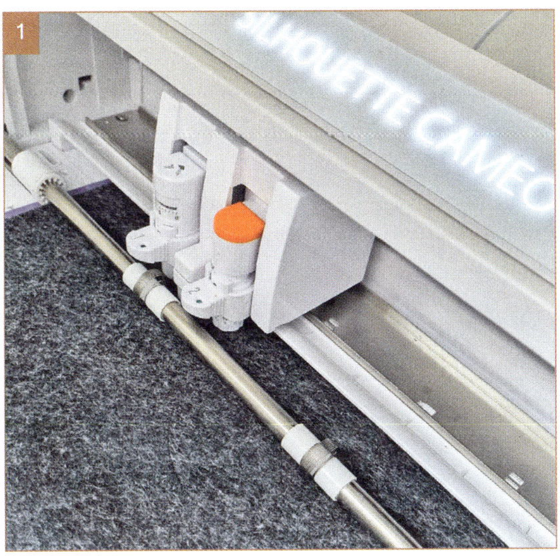

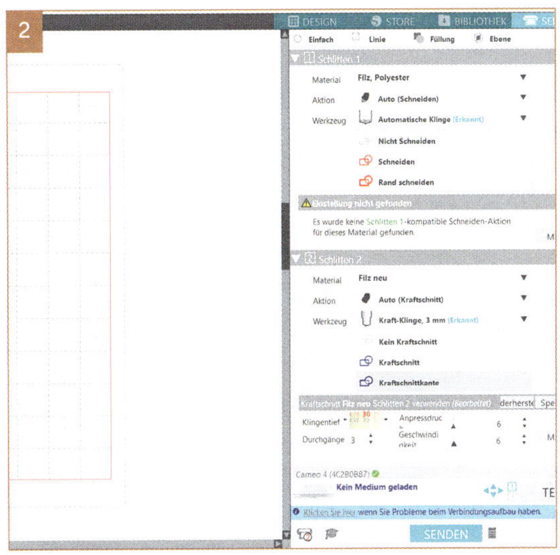

1. Die Schwierigkeit bei diesem Projekt liegt nicht in der Erstellung, sondern der richtigen Einstellung, um den Filz schneiden zu können. Beginne zunächst damit, dass du im Silhouette Studio einen Kreis erstellst. Ich habe hier 9 cm Durchmesser gewählt. Klicke auf den Reiter »Senden«. Das Kraftmesser muss in Schlitten 2 eingesetzt werden.

2. Im Reiter »Senden« kannst du nun weitere Einstellungen vornehmen. Drücke bei Schlitten 1 auf »Nicht schneiden«.

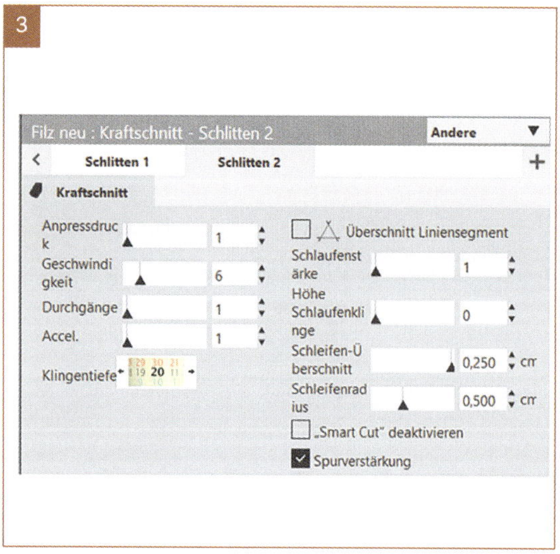

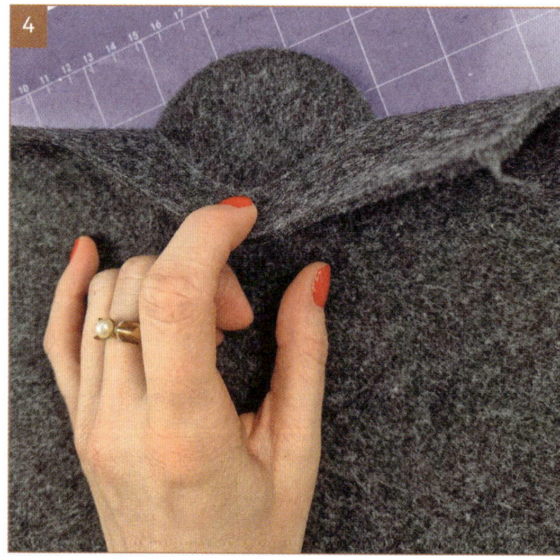

3. Nun kannst du dich den Einstellungen für Schlitten 2 widmen. Klicke auf »Material« und wähle »Neues Material hinzufügen«. Dupliziere Moosgummi (die Einstellungen sind ähnlich, wie wir sie brauchen) und nenne es um in »Filz 3 mm«. Nun nimmst du über das Feld »Mehr« noch Anpassungen vor. Die genauen Einstellungen kannst du der Abbildung 4 entnehmen.

   Darüber hinaus nimmst du unbedingt vor dem Schneiden noch händische Einstellungen vor. In nur einem Durchgang kannst du den Filz zwar schneiden, dann wird aber alles krumm und schief. Du benötigst hier also ein bisschen Geduld und Fingerspitzengefühl. Der Filz muss in vier Durchgängen geschnitten werden. Du startest mit Aufpressdruck 1 und Messertiefe 15, was du direkt am Messer einstellst.

   Lege den Filz auf eine Strong-Grip-Matte und lade das Material, das bedeutet, dass du die Schneidematte samt Filz darauf über die Pfeiltaste am Plotter vom Plotter einziehen lässt. Nun kannst du unten auf »Senden« drücken. Wichtig: Wirf die Matte nicht aus, sie muss während des ganzen Prozesses drinbleiben. Nach dem Schneiden erhöhst du die Messertiefe in 5er-Schritten. Dazu musst du das Messer immer rausnehmen, nur das Messer, nicht die Matte! Wenn du bei einer Messertiefe von 30 angekommen bist, erhöhst du den Aufpressdruck auf 6 und stellst »3 Durchgänge« ein.

4. Dann sollte alles durchgeschnitten sein, falls nicht, kannst du an einzelnen Stellen mit der Schere nachhelfen.

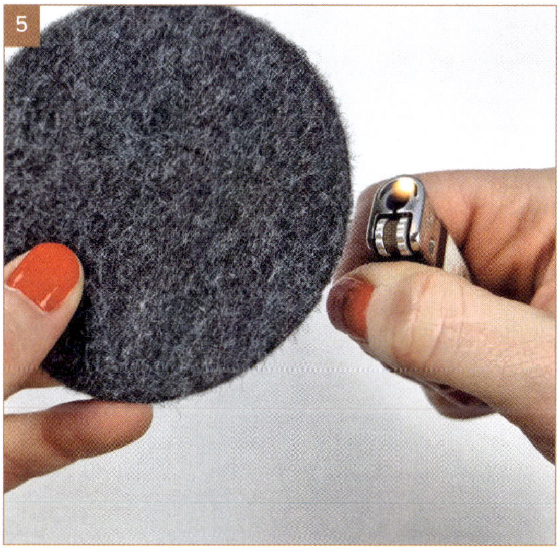

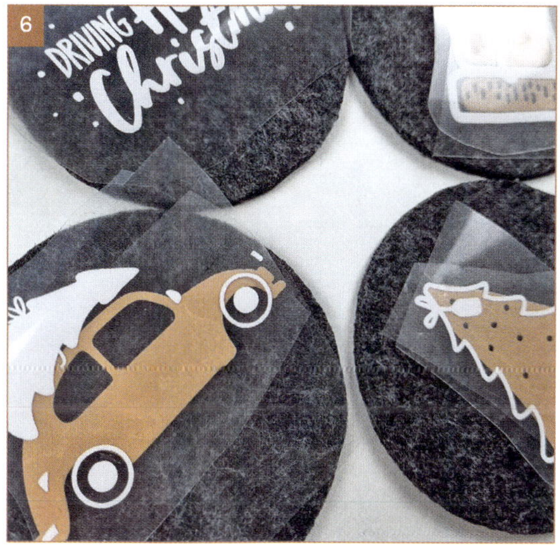

5. Damit der Filz nicht fusselt, kannst du mit der Flamme eines Feuerzeugs am Rand entlangfahren.

6. Zuletzt plottest du noch die Motive für die Untersetzer und bringst sie auf. Beim Aufpressen auf Filz musst du nichts Besonderes beachten. Hier habe ich wieder Vorlagen von der lieben Sandra von kleinerspatz genutzt.

   Jetzt sind deine Untersetzer bereit, vollgetopft zu werden.

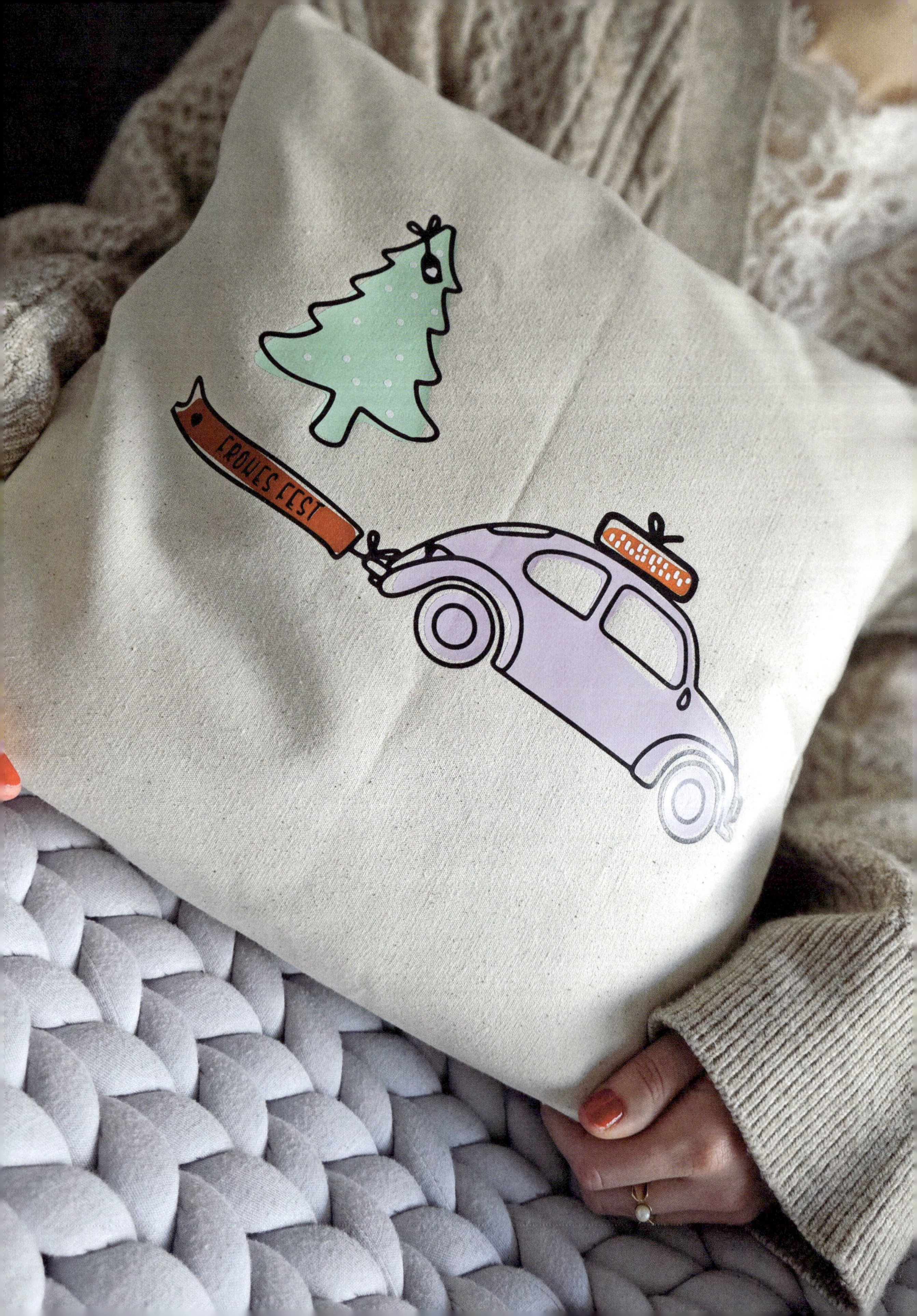
FROHES FEST

Gemütliches Sofakissen

Kissen sind das perfekte Deko-Element. Man kann sie wunderbar je nach Jahreszeit austauschen und anpassen. Wäre es nicht schön, sein eigenes Werk zu Weihnachten auf der Couch liegen zu haben?

Du benötigst: Plotter · Kissenbezug · Flexfolie · Schneidematte · Entgitterhaken · Schere · Pressgerät deiner Wahl

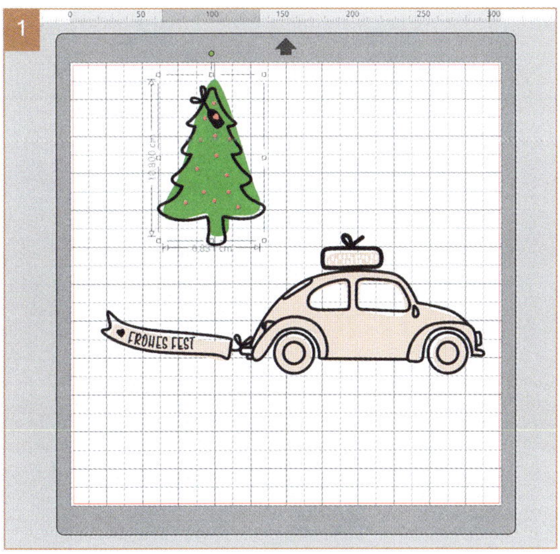

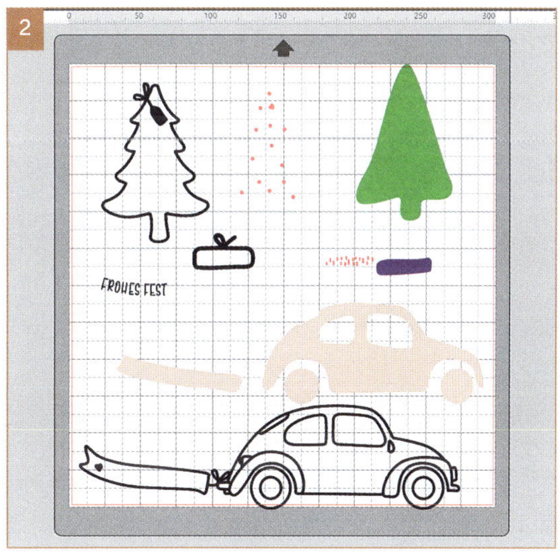

1. Für dieses Projekt habe ich eine Datei der lieben Sandra von kleinerspatz als Vorlage verwendet. Wie gewohnt fügst du die Datei im Silhouette Studio ein, löschst die Teile, die du nicht brauchst, und kreierst aus den übrig gebliebenen Teilen dein ganz eigenes Motiv.

   Passe zunächst das Motiv an die Größe des Kissenbezugs an. Nun geht es an die Farbwahl. Alles, was du im Programm erstellst, dient für dich zur Visualisierung, die finale Farbe bestimmst du natürlich am Ende durch die jeweilige Folie.

   Im nächsten Schritt löst du die Gruppierung (so kannst du den schwarzen Umriss abnehmen) und kannst über die Farbpalette rechts die Farbe einstellen.

2. Punkte, Baum und Umriss werden in drei verschiedenen Farben geplottet, also färbe sie dir entsprechend ein, um den Überblick zu behalten. Wiederhole das auch mit dem Auto und dem Geschenk. Ich habe mich dafür entschieden, das Fähnchen vom Auto in derselben Farbe wie das Geschenk zu gestalten.

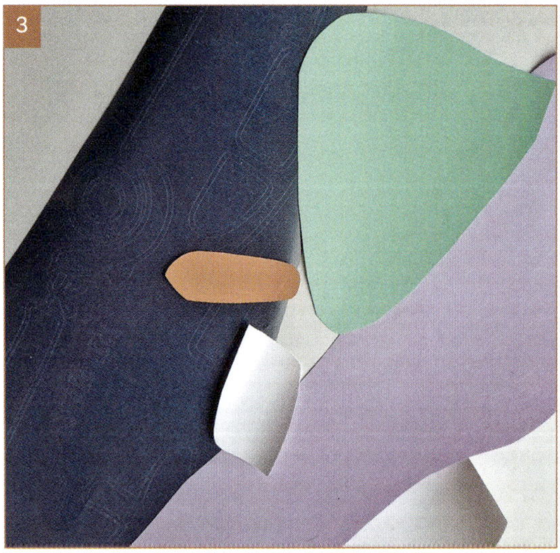

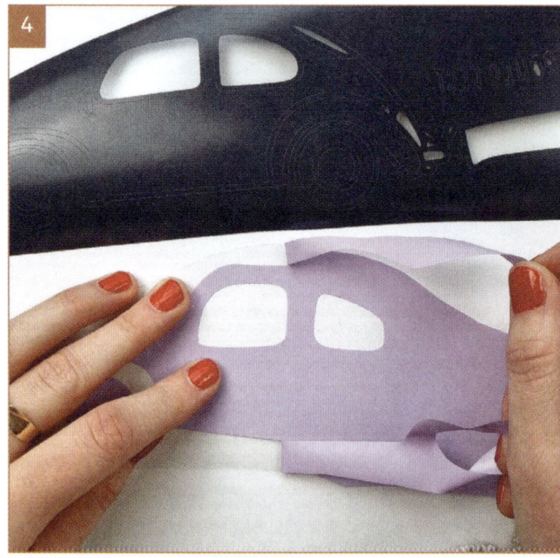

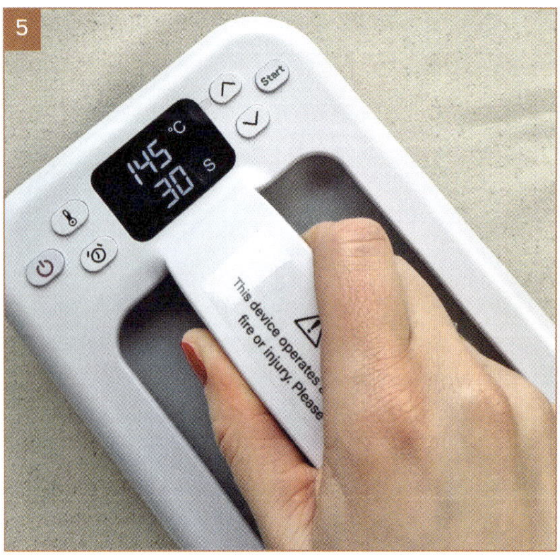

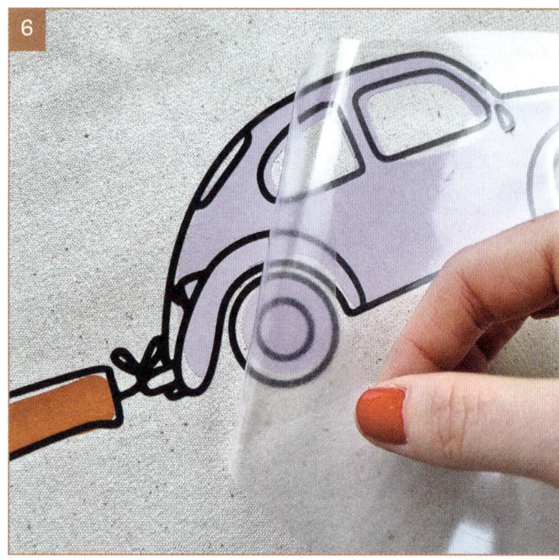

Wenn du das auch möchtest, musst du den Pfad lösen, nur das Auto markieren und wieder einen Pfad erstellen. Der Plott wird insgesamt aus fünf Farben bestehen.

3. Der nächste Schritt ergibt sich aus meinem favorisierten Vorgehen, da ich finde, dass man so leichter den Überblick behält. Ich packe jedes Motiv derselben Farbe auf eine eigene neue Seite. So siehst du genau, wo sich auf der Matte gerade ein Objekt befindet und ob du es noch verschieben musst, und du kommst nicht durcheinander, was schon geplottet ist, weil du Matte für Matte einzeln sendest. Vergiss nicht, dass bei Wärmeübertragungsfolie die glänzende Seite auf die Schneidematte geklebt werden muss.

4. Wenn alle Schnitte vollendet sind, kannst du mit dem Entgittern starten. Ich beginne am liebsten mit den Zwischenräumen, so kleben später keine kleinen Schnipsel an der selbstklebenden Transferfolie an.

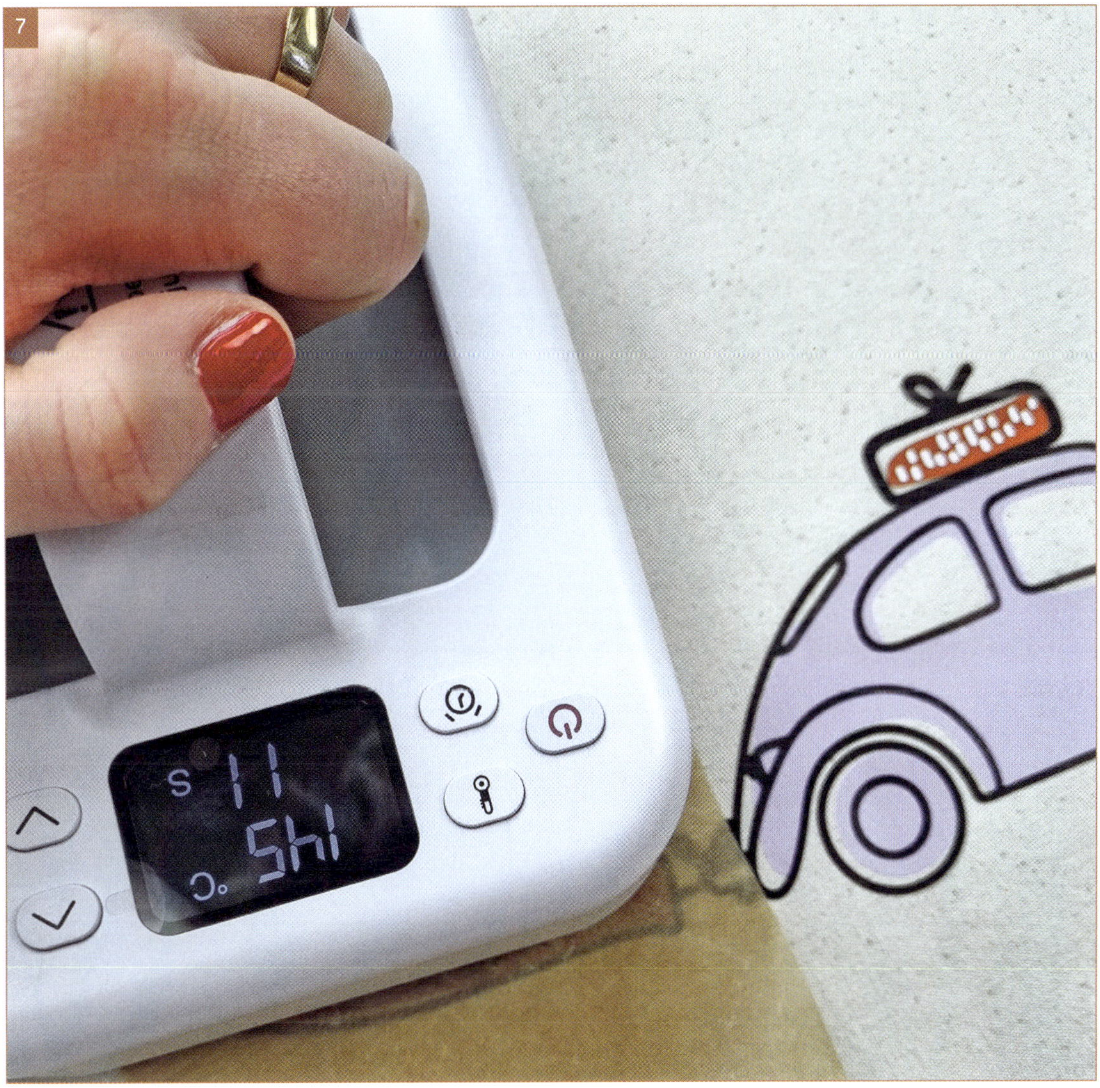

7

5. Danach geht's ans Pressen. Dazu verwende ich hier die Midi-Presse. Gerade für mittelgroße Motive ist sie optimal. Vergiss nicht das Vorpressen, um die Feuchtigkeit aus den Fasern zu ziehen. Dieser Schritt ist bei Pressen ohne Druck sogar noch wichtiger, um eine gute Haltbarkeit zu gewährleisten.

6. Beim mehrfarbigen Plotten beginnst du mit dem Auftragen der Folie, die die Basis bildet, und baust so nach und nach das Gesamtmotiv zusammen. In diesem Fall startest du mit den farbigen Teilen von Auto, Baum und Geschenk und ordnest diese passend an. Danach presst du die Teile an, entfernst die Trägerfolie und machst mit den Outlines weiter. Lege hier Backpapier dazwischen. Nun wiederholt sich das Prozedere mit den Punkten von Geschenk und Baum.

7. Am Ende legst du Backpapier über alles und presst ein letztes Mal.

Fertig ist dein weihnachtliches Kissen - entweder zum Kuscheln oder einfach als Hingucker auf deinem Sofa.

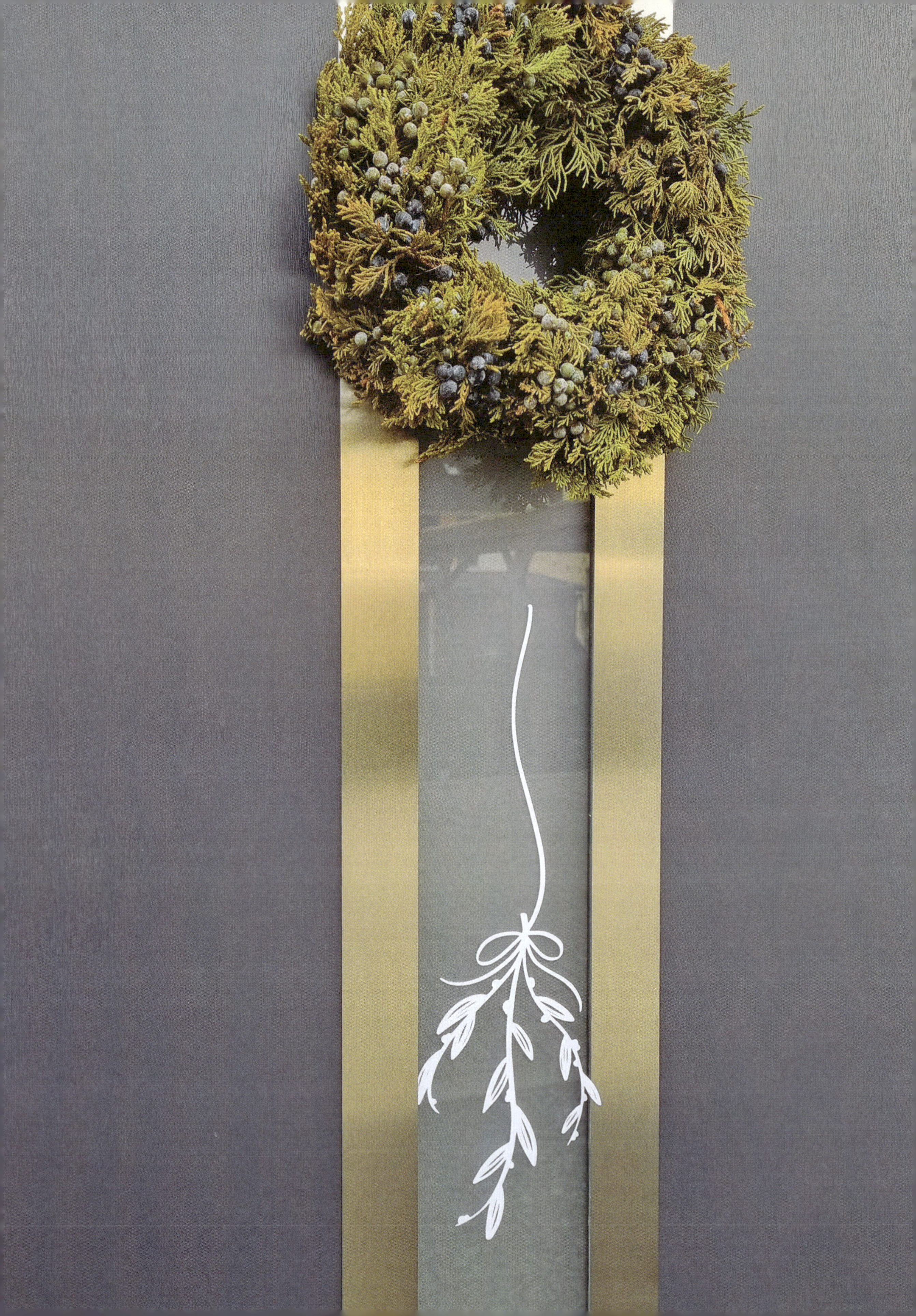

Die Tür zur Weihnachtszeit

Wenn die Haustür schon Weihnachten schreit, dann ist doch alles perfekt. Mit ganz normaler Vinylfolie kannst du deiner Tür das gewisse Etwas verleihen.

Du benötigst: Juliet-Plotter · Tür · Vinylfolie auf der Rolle · Entgitterhaken · Schere · Rakel · Übertragungsfolie

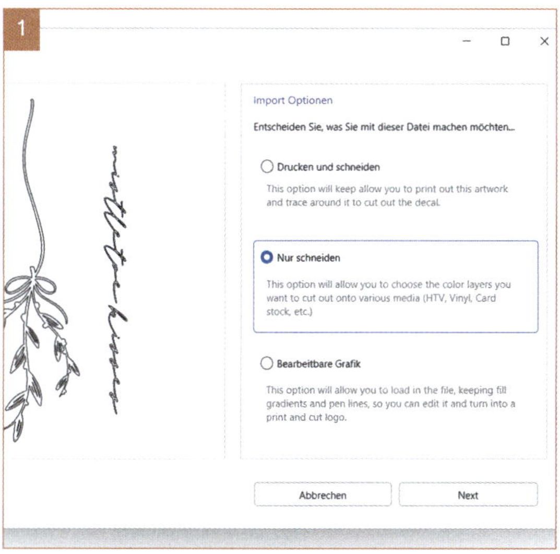

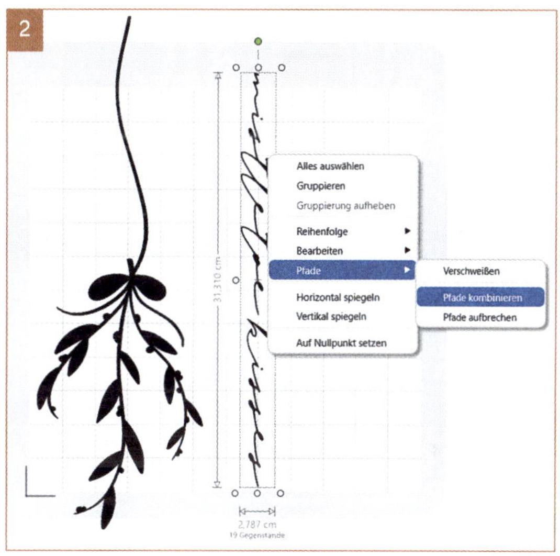

1. Die Datei hat die liebe Jana von Fabulous.Plotterlove geliefert. Für dieses Projekt habe ich meine Juliet genutzt und im Leonardo Design Studio alles vorbereitet. Du beginnst mit dem Import der Datei. Achte hierbei darauf, »Nur schneiden« auszuwählen, manchmal ist »Drucken und Schneiden« vorbelegt, wenn das Motiv sehr filigran ist. Da dieses Motiv aber am Ende sehr groß geplottet wird, ist das kein Problem. Mit der Juliet kann man ganz einfach ohne Matte plotten, darum ist man auch nicht an die 30 cm Länge gebunden.

2. Nun zur Vorbereitung des Motivs. Brich die Pfade auf und kombiniere diese wieder, indem du nur den Zweig anwählst und über die rechte Maustaste »Pfade kombinieren« wählst. Für die Tür ist die Schrift zu klein, darum wird nur der Mistelzweig benutzt. Auf der rechten Seite kannst du dann ganz leicht die gewünschte Höhe und Breite eintragen. Achte darauf, dass der Haken bei »Proportionale Größenänderung« gesetzt ist.

3

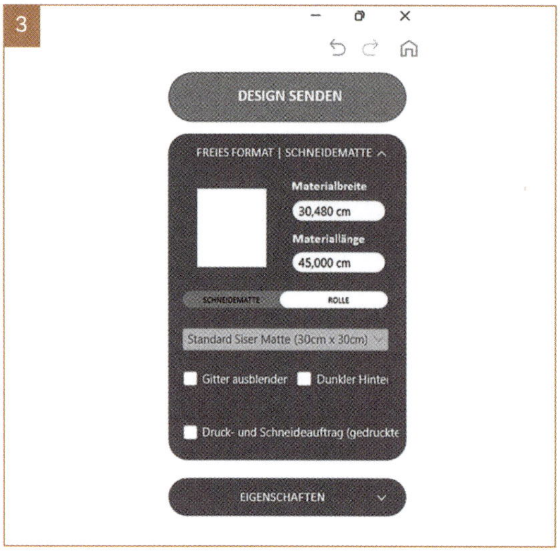

4

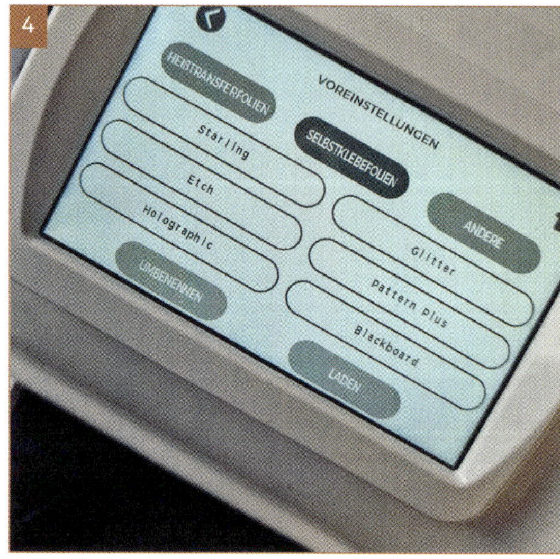

3. Als Nächstes nimmst du die Vinylfolienrolle und schneidest ein gerades Ende mit der Schere. Hinten am Plotter ist ein großer Hebel. Klappe ihn nach oben und schiebe die Folie einfach nach hinten durch. Danach musst du den Hebel wieder runterklappen, denn die Juliet schneidet von vorne nach hinten und nicht von hinten nach vorne. Wähle bei »Schneidematte« »Rolle« aus und gib 45 cm als Materiallänge ein.

4. Danach wählst du die passende Folie in den Schneideeinstellungen und kannst beginnen.

5. Nach dem Schnitt wird wie gewohnt entgittert.

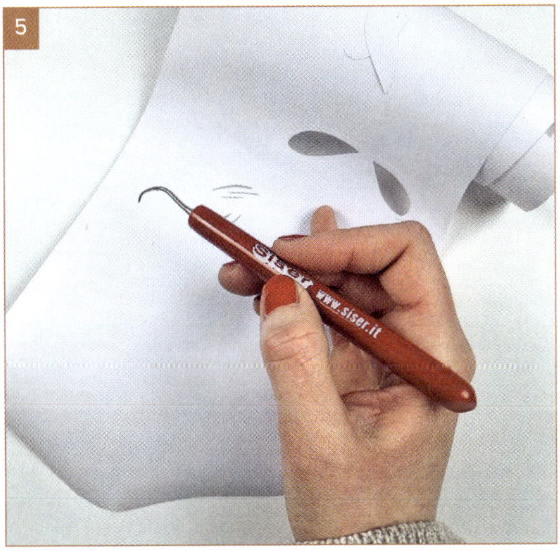

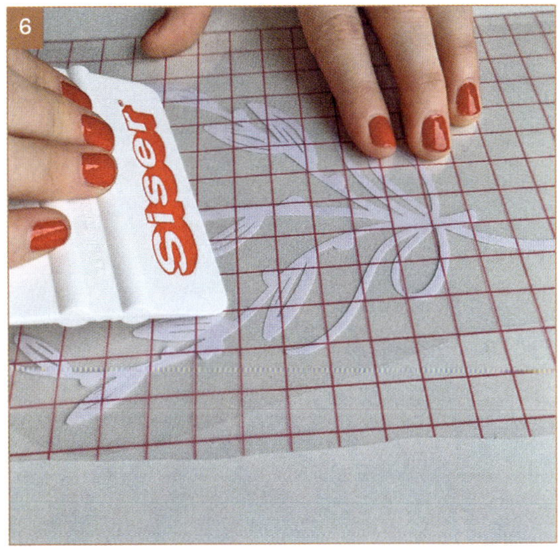

6. Schneide Übertragungsfolie in der Größe des Mistelzweigs zurecht und nimm ihn damit ab.

   Reinige die Fensterscheibe vor dem Aufbringen mit Glasreiniger. Klebe anschließend die Folie mit deinem Zweig an die Scheibe und fahre mit der Rakel darüber, bis der Zweig an der Scheibe hält und du die Übertragungsfolie abnehmen kannst.

   Ab jetzt werden deine Gäste schon draußen in Weihnachtsstimmung versetzt.

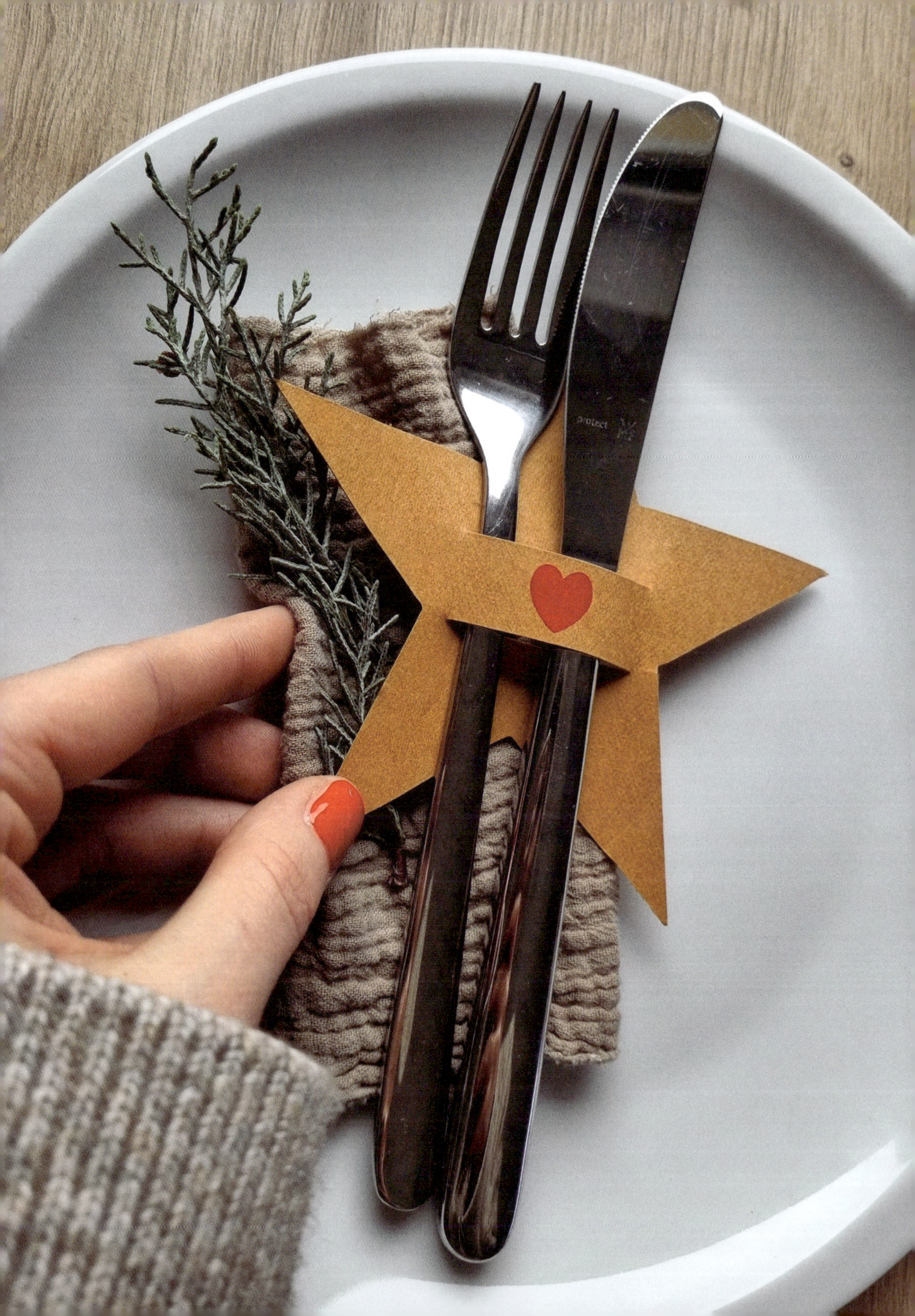
protect

Besteck mit dem besonderen Etwas

Einfach Gabel, Messer und Löffel neben oder auf den Teller legen ist doch superlangweilig. In einem Stern aus Snappap kann sogar das Besteck zur Festtagsatmosphäre beitragen. Snappap ist reißfestes Papier in Lederoptik, das vegan und sogar waschbar ist. Perfekt also für den Esstisch geeignet.

Du benötigst: Juliet-Plotter · Snappap · Strong-Grip-Schneidemappe · Malerkrepp · Schere · Entgitterhaken · Flexfolie · Pressgerät deiner Wahl

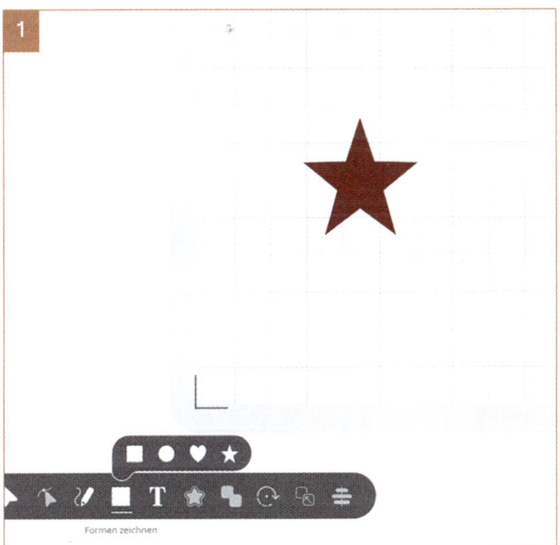

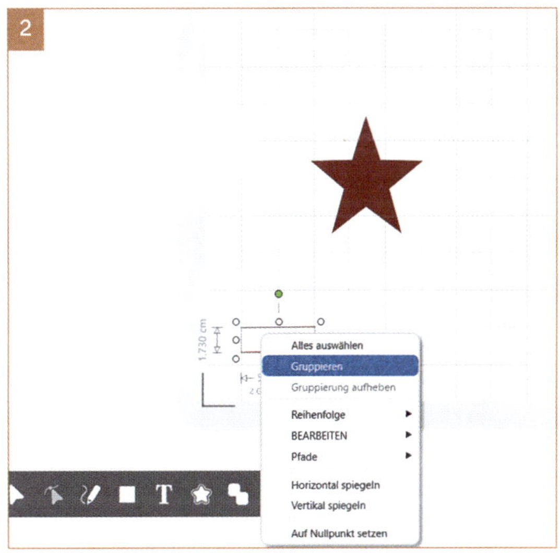

1. Zunächst fügst du im Leonardo Design Studio einen Stern ein.
2. Mit der Stiftfunktion zeichnest du nun eine Linie. Dupliziere diese, richte beide Linien parallel aus, markiere und gruppiere sie.

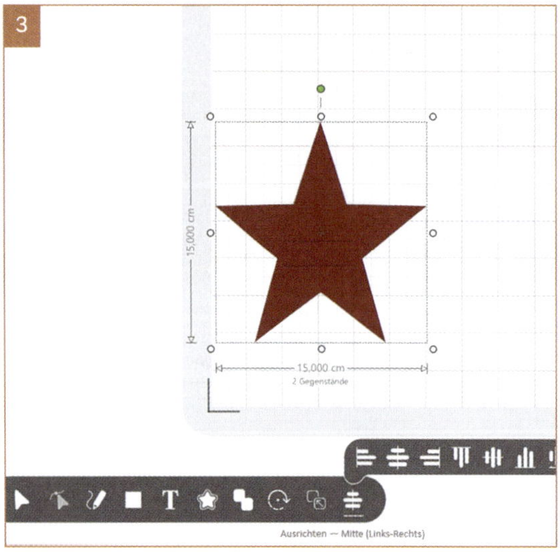

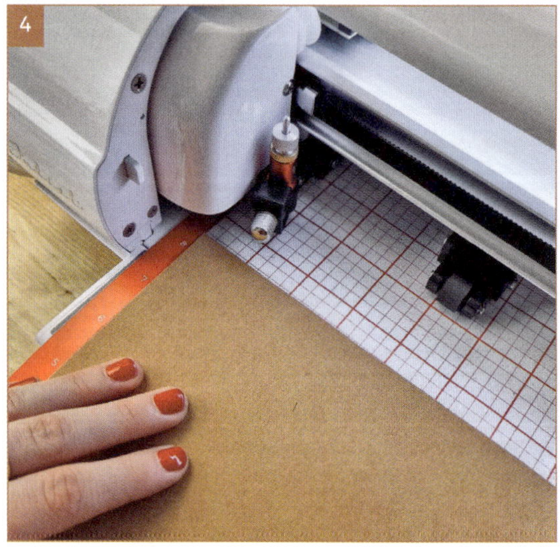

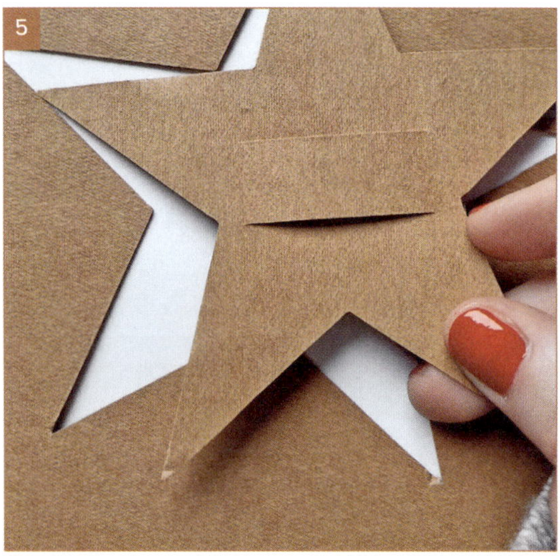

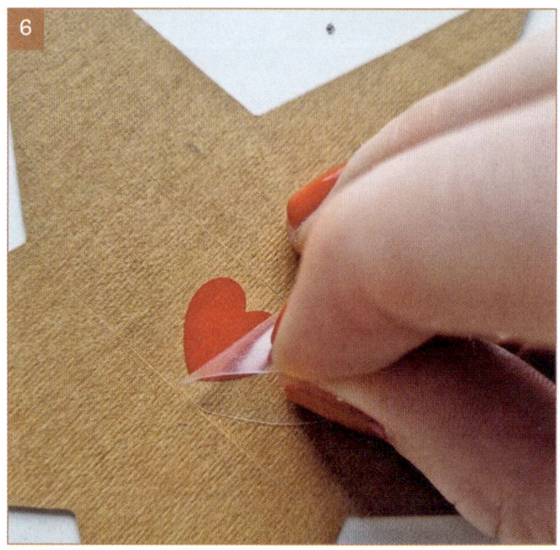

3. Anschließend kannst du die Linien an die Größe des Sterns anpassen. Ich habe mich hier für eine Größe von 15 cm entschieden, aber auch größer oder kleiner ist absolut möglich. Platziere die Linien in deinem Stern und richte sie mittig aus.

4. Nun kannst du das Snappap auf die Matte aufbringen. Gerade bei dickeren Materialien ist es wichtig, dass sie richtig auf der Matte halten, denn sie werden mit mehr Druck geschnitten und würden sonst verrutschen. An dieser Stelle kann man Malerkrepp zu Hilfe nehmen, falls man Sorge hat, dass die Matte nicht genug klebt.

7

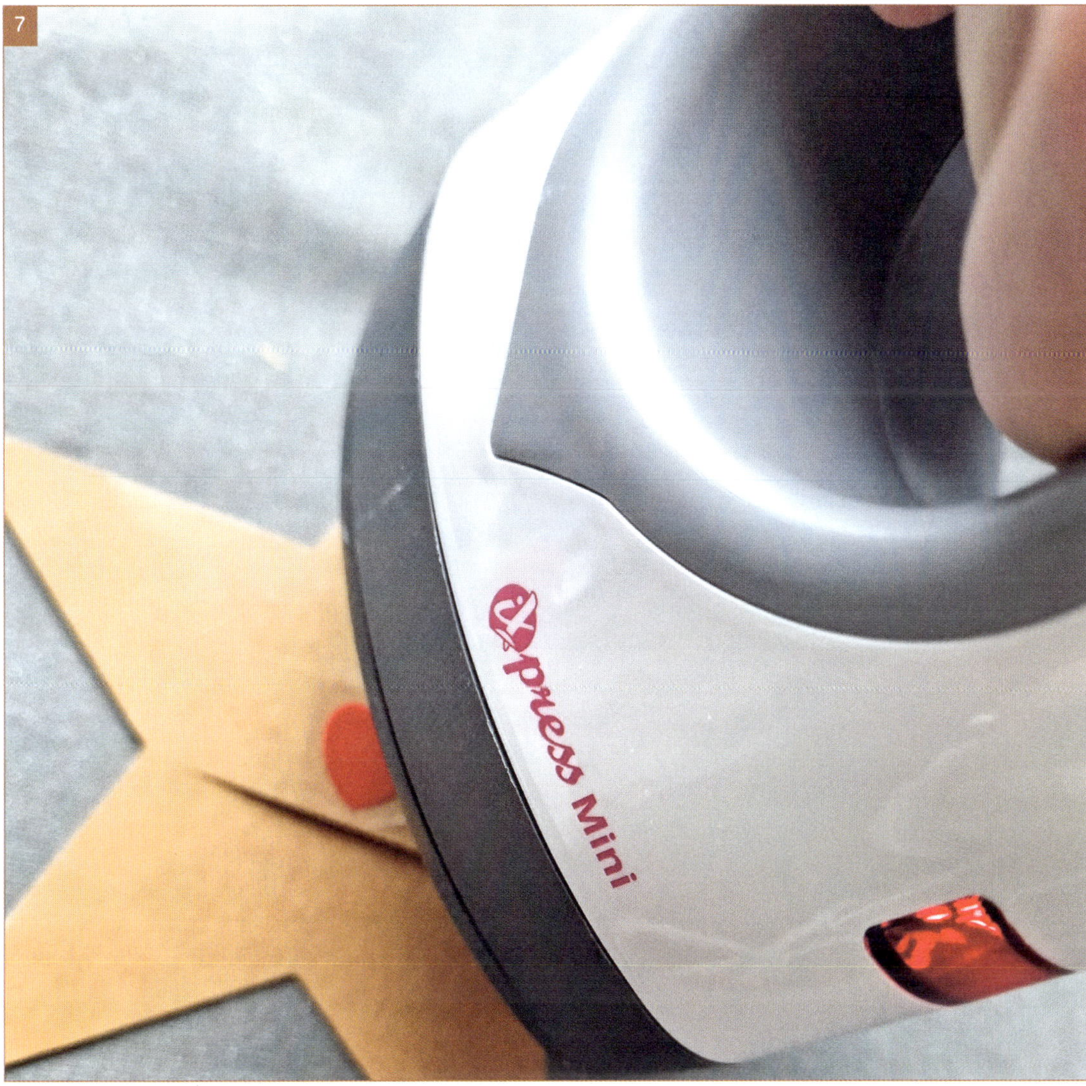

5. Stelle so viele Sterne her, wie du für deine Tafel brauchst. Wenn alle fertig geschnitten sind, kannst sie noch verschönern.

6. Das Schöne am Snappap ist, dass du es auch ganz wunderbar mit Flexfolie verzieren kannst. Ich habe mich für ein kleines rotes Herz entschieden.

7. Auch dieses findest du in den Formen des Leonardo Design Studios. Mit der iXpress Mini ist das Herz schnell und einfach aufgebracht.

Und nun ab ins Wohnzimmer und den Weihnachtstisch eindecken!

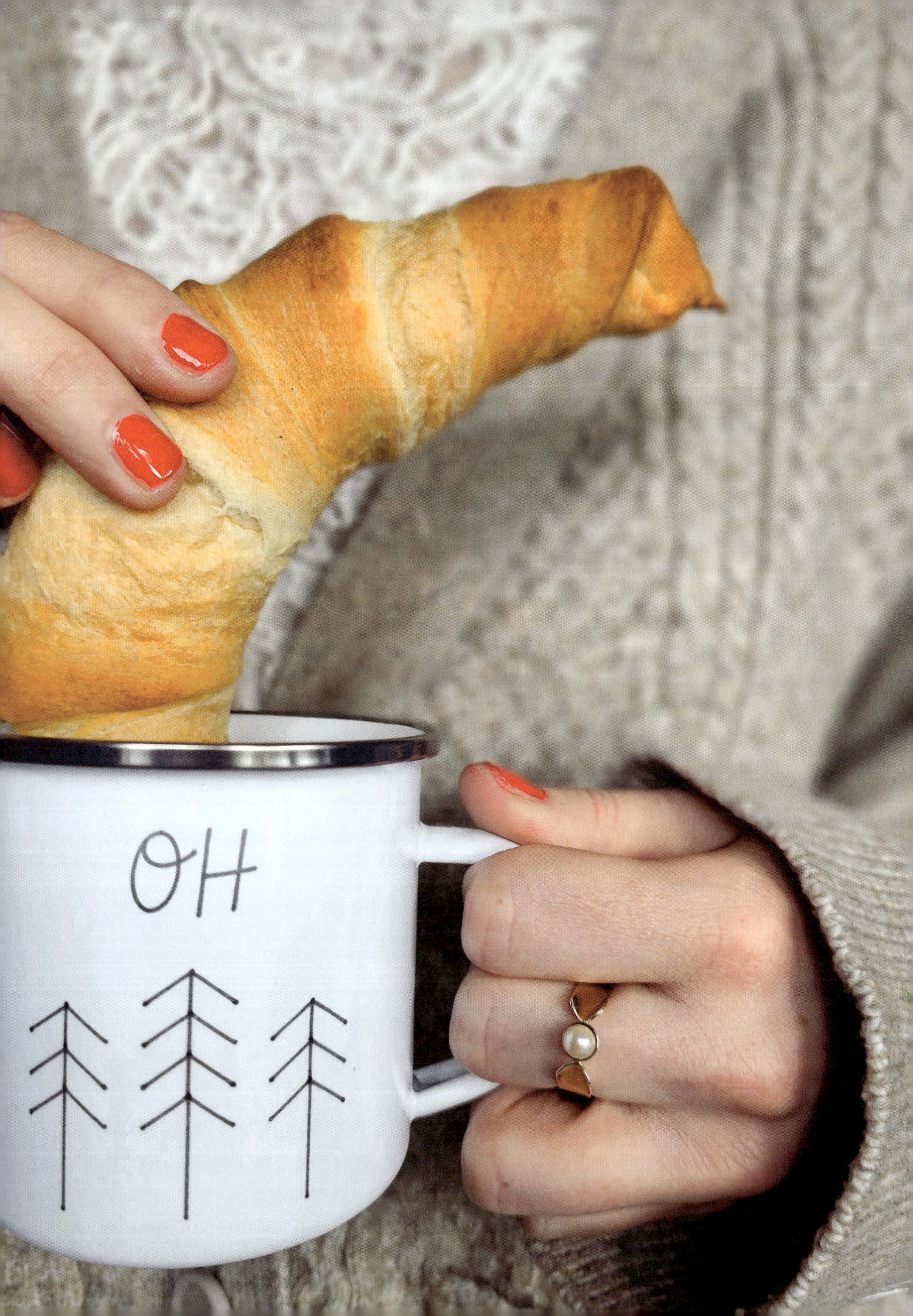
OH

Tassenzauber für zu Hause oder fürs Lagerfeuer

Wenn der Glühwein noch besser schmecken soll, dann sollte man ihn aus einer besonders schönen Tasse trinken. In unserem Fall aus einer selbst gestalteten Emailletasse.

Du benötigst: Cricut-Plotter · Emailletasse · Kopierpapier für den Laserdrucker · Tassenpresse (für Tassen, die vom Standardmaß abweichen, eignet sich die ältere Tassenpresse von Plotix am besten. Neben dieser braucht man dazu die iXpress-Transferpresse) · Cricut Infusible Ink Pens 0,4 mm · eine zweite Klinge für Papier · Backpapier

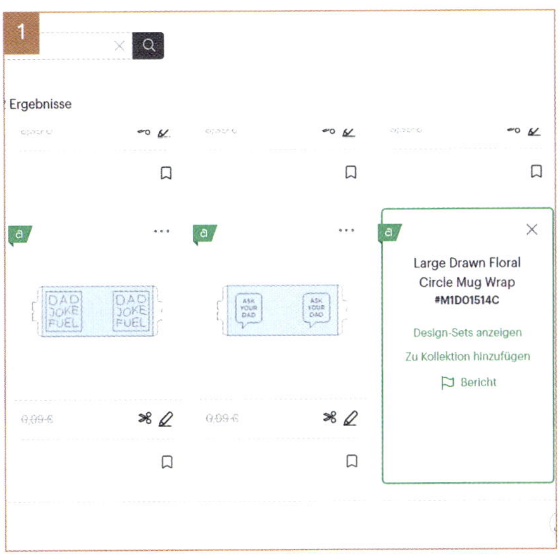

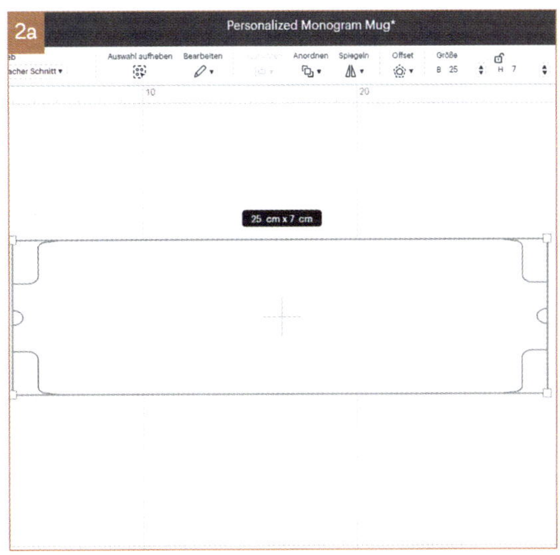

1. Suche als Erstes im Cricut Design Space nach »Mug Wrap« und setze beim Filterpunkt »Entworfen von« das Häkchen bei »Cricut«, dann kannst du das vorhandene Motiv im Wrap löschen und ein zum aktuellen Projekt passenderes einfügen.

   Zum Löschen drückst du auf »Zerlegen« und löschst, was du nicht benötigst, beziehungsweise nutzt die Konturfunktion, um überflüssige Elemente auszublenden.

2. Beachte, dass die Emailletasse keine Standardtasse ist und du den Wrap an die Maße deiner Tasse anpassen musst. Meine Tasse von Hobbyplotter hat einen Durchmesser von 25 cm und eine Höhe von 7 cm.

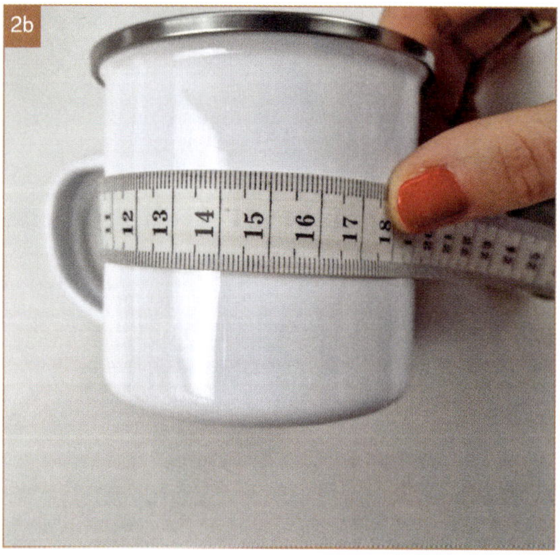

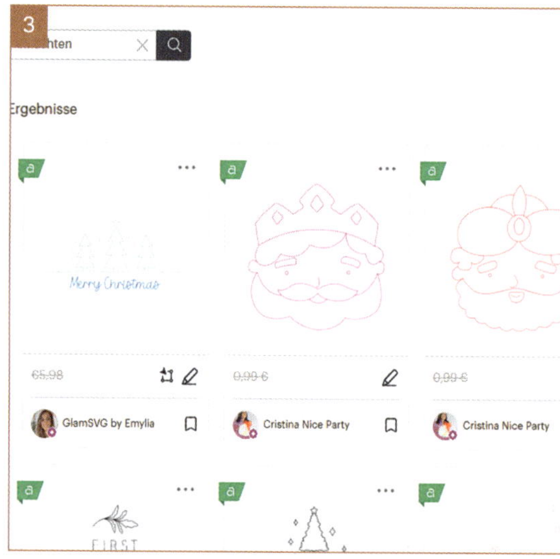

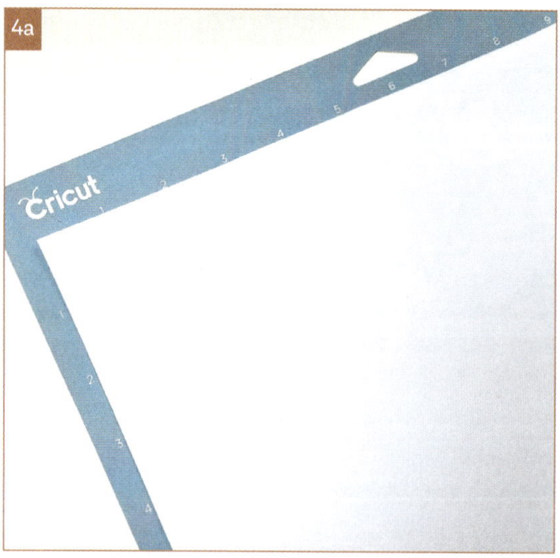

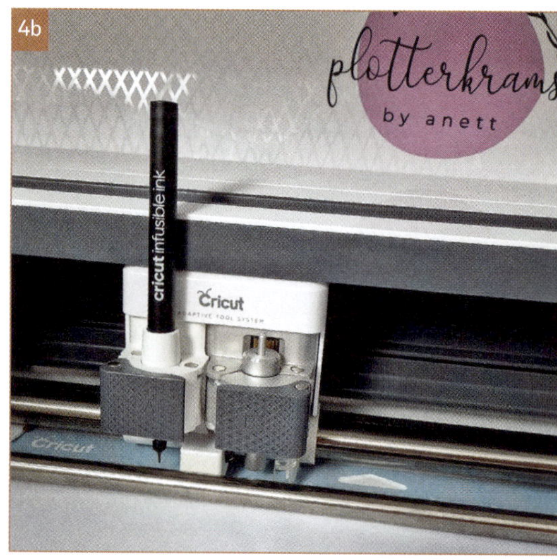

3. Im nächsten Schritt kannst du dich auf die Suche nach einem passenden Motiv begeben. Gib dazu im Suchfenster »Weihnachten« ein und wähle unter »Kunsttyp« »Nur zeichnen« aus.

   Du kannst deine Tasse auf diese Weise selbst gestalten oder du nimmst meine Vorlage. Diese habe ich für dich auf meinem Profil im Design Space veröffentlicht.

   Wenn das Motiv steht, verbindest du es mit dem Wrap, damit der Plotter weiß, dass er erst zeichnen und dann schneiden soll. Du kannst auch auf den Wrap verzichten und deine Motive einzeln zeichnen lassen, sie mit der Schere grob ausschneiden und mit hitzebeständigem Klebeband an der Tasse befestigen.

4. Vergiss nicht zu spiegeln. Drücke das Papier auf die Schneidematte und setze einen Stift sowie deine zweite Klinge für Papier ein.

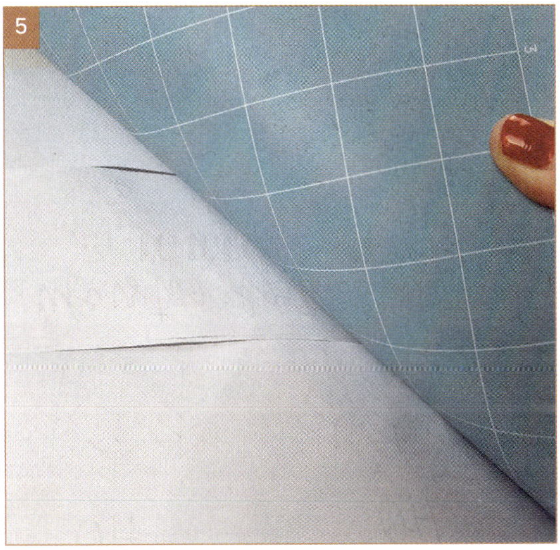

5

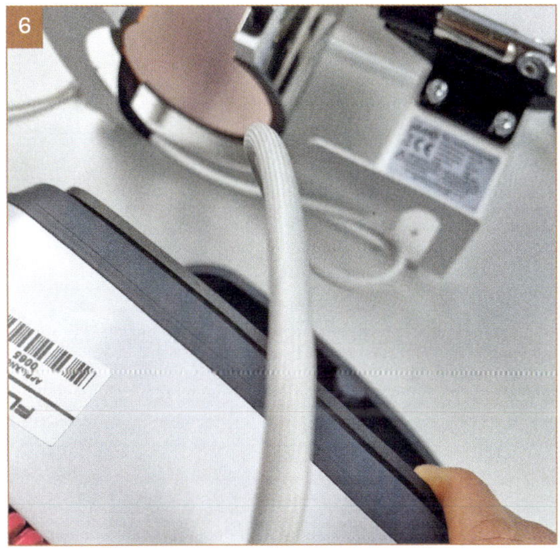

6

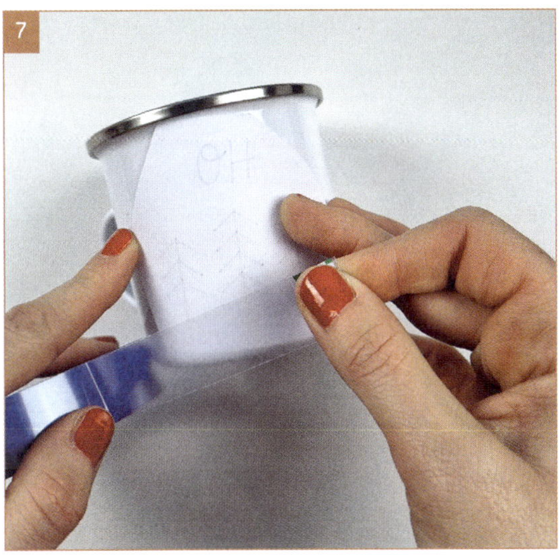

7

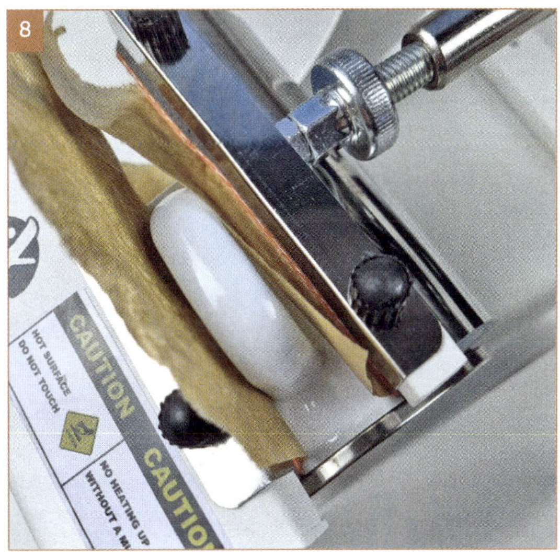

8

5. Als Einstellung nimmst du »Kopierpapier« und startest mit der Herstellung. Achte beim Abziehen darauf, die Matte vom Papier zu lösen und nicht das Papier von der Matte abzuziehen.

6. Stecke als Nächstes die Tassenpresse an die iXpress-Transferpresse und heize vor.

7. Bringe in der Zwischenzeit den Wrap oder einzelne Motive auf die Tasse auf. Nutze das hitzebeständige Klebeband und schlage die Tasse danach in Backpapier ein.

8. Nun kann der Pressvorgang starten. Achtung, die Tasse ist sehr heiß, wenn du sie aus der Presse nimmst. Stelle sie also auf eine hitzefeste Unterlage.

Im Anschluss kannst du zur Belohnung einen Glühwein oder Kinderpunsch in der neuen Tasse genießen.

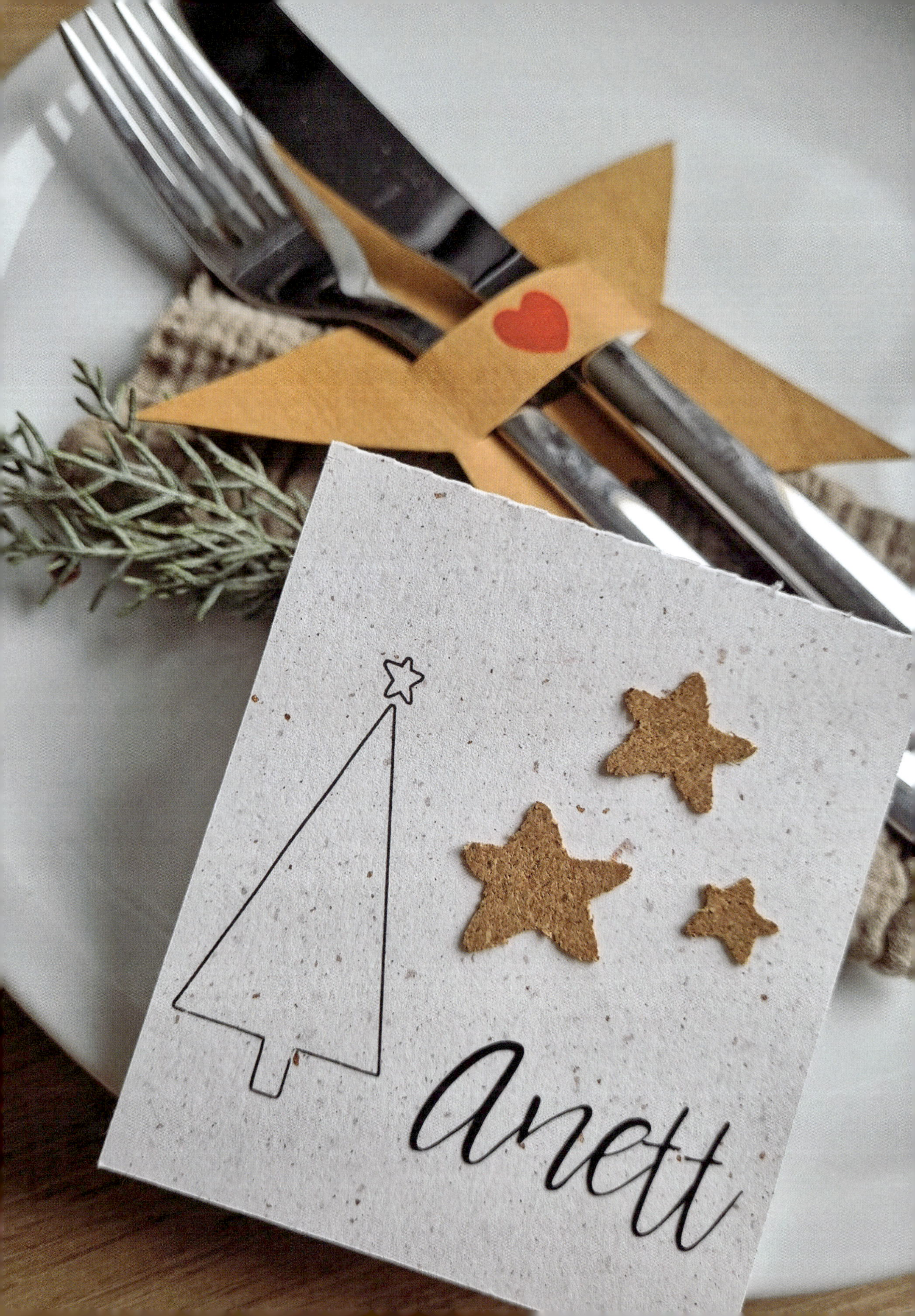
Anett

Winterliche Platzkärtchen

Damit auch jeder Weihnachtsgast seinen Platz findet, sind individuelle Platzkärtchen nicht nur ein absoluter Hingucker, sondern auch noch nützlich.

Du benötigst: Silhouette-Plotter · Kraftpapier · Silhouette-Stift in Schwarz · Korkpapier · ein zweites Automatikmesser für Papier · Schneidematte · Vinylfolie · Übertragungsfolie · Entgitterhaken · Schere

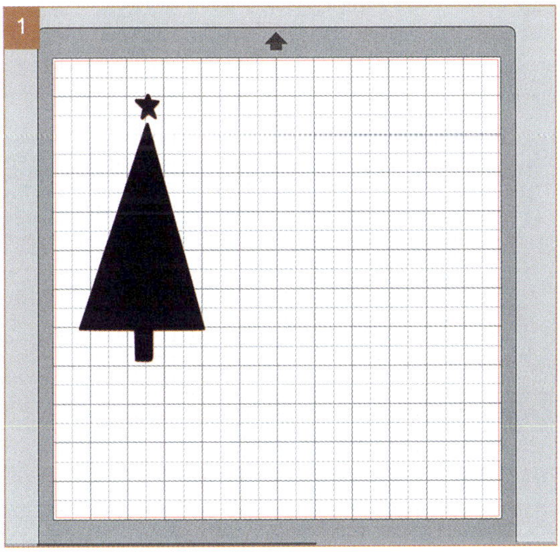

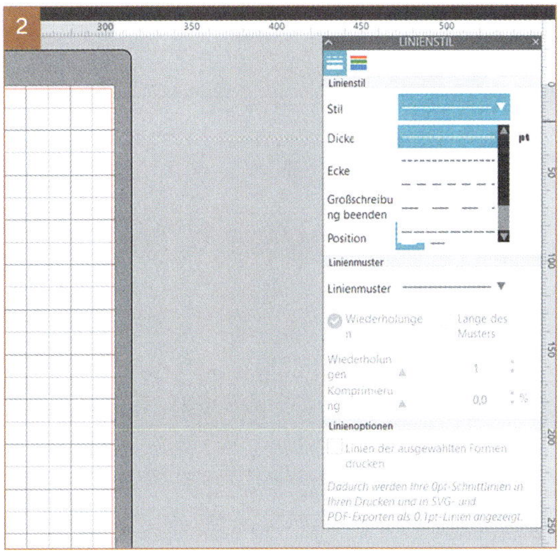

1. Lade zunächst das Design ins Silhouette Studio; ich habe mich hier für die Tannenbäume von Ellen entschieden. Lösche die überflüssigen Motive und löse den Pfad der übrigen Tannenbäume. Lösche nun die Innenelemente, damit ein einliniger Baum übrig bleibt, dieser soll nämlich gezeichnet werden. Es bleiben ein schwarzer Baum und ein schwarzer Stern zurück.

2. In einem neuen Reiter fügst du dir ein Rechteck in den Maßen 8 cm × 12 cm ein. Im Anschluss fügst du eine Linie ein und passt die Größe auf 8 cm an, dann wählst du links unter »Linienstil« (Symbol bestehend aus gestrichelter Linie, Linie und dicker Linie) und unter »Stil« die gestrichelte Linie aus.

   Die Linie fügst du in das Rechteck ein, markierst beides und drückst über die rechte Maustaste auf »Gruppieren«. Danach fügst du den Namen deines Gastes ein. Ich habe hierfür die Schriftart 5seconds benutzt.

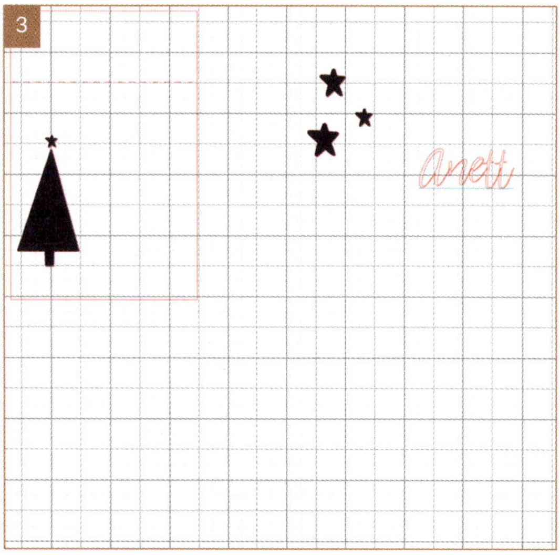

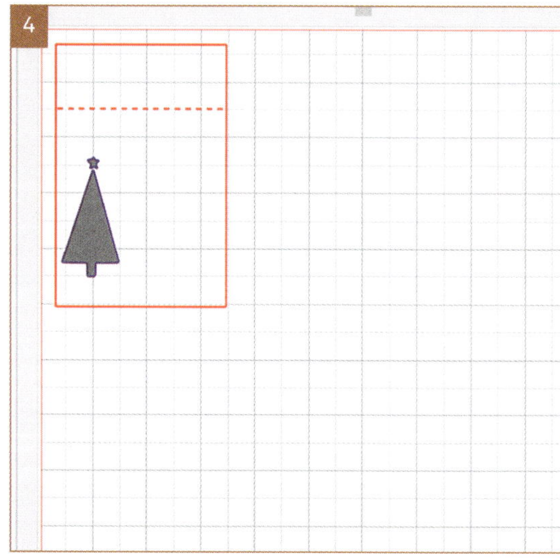

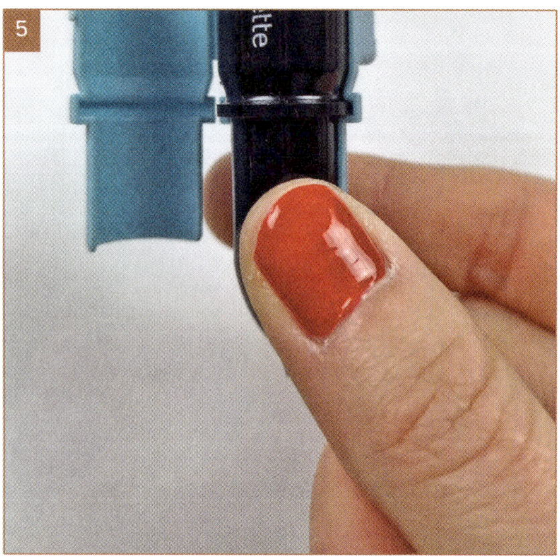

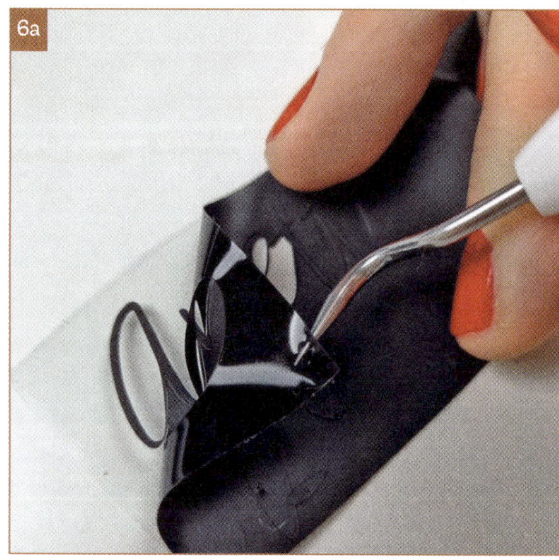

3. Im nächsten Schritt ist deine Kreativität gefragt. Ordne Namen, Baum, Sterne oder andere Motive in deinem Rechteck an. So kannst du deine Idee visualisieren und die Größen entsprechend anpassen.

   Bei meiner Variante verbleiben im Rechteck am Ende bei meiner Variante die gestrichelte Linie, der Baum und ein Stern. Die restlichen Sterne werden aus dem Kork geschnitten und der Name aus der Vinylfolie. Experimentiere mit dem Layout, schau, was dir gefällt, ob du vielleicht Elemente hinzufügen oder weglassen willst.

4. Dem Baum gibst du eine andere Schnittlinienfarbe. Statt »Einfach« wählst du »Linie« beim Herstellen aus.

   Danach nimmst du erst den Haken bei der Karte und im Anschluss beim Baum raus. Wichtig ist, dass du die Matte zwischendurch nicht auswirfst.

5. Den Stift steckst du in den blauen Stiftehalter.

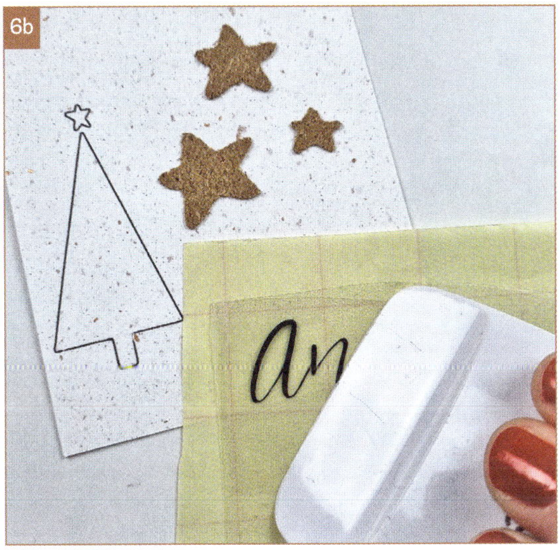

6b

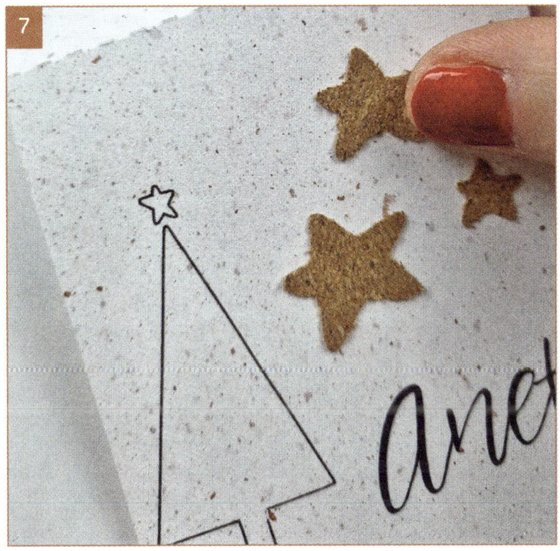

7

Wenn ihr damit fertig seid, geht es mit dem Senden weiter. Ich nutze wieder drei Matten, für jedes Material eine, um nicht durcheinanderzukommen.

Wenn alle einzelnen Schritte gezeichnet und geschnitten sind, beginnst du alles zusammenzubauen. Denke bei dem Kärtchen wieder daran, die Matte von der Karte abzuziehen und nicht andersherum.

6. Der Name wird wie gewohnt entgittert und mit Übertragungsfolie auf das Kärtchen übertragen.

7. Die Korksterne sind selbstklebend, ziehe sie also wie einen Sticker ab und klebe sie auf.

Nun könnt ihr mit der restlichen Tischdekoration weitermachen, eure Festtafel schön eindecken und am Ende die Platzkärtchen positionieren.

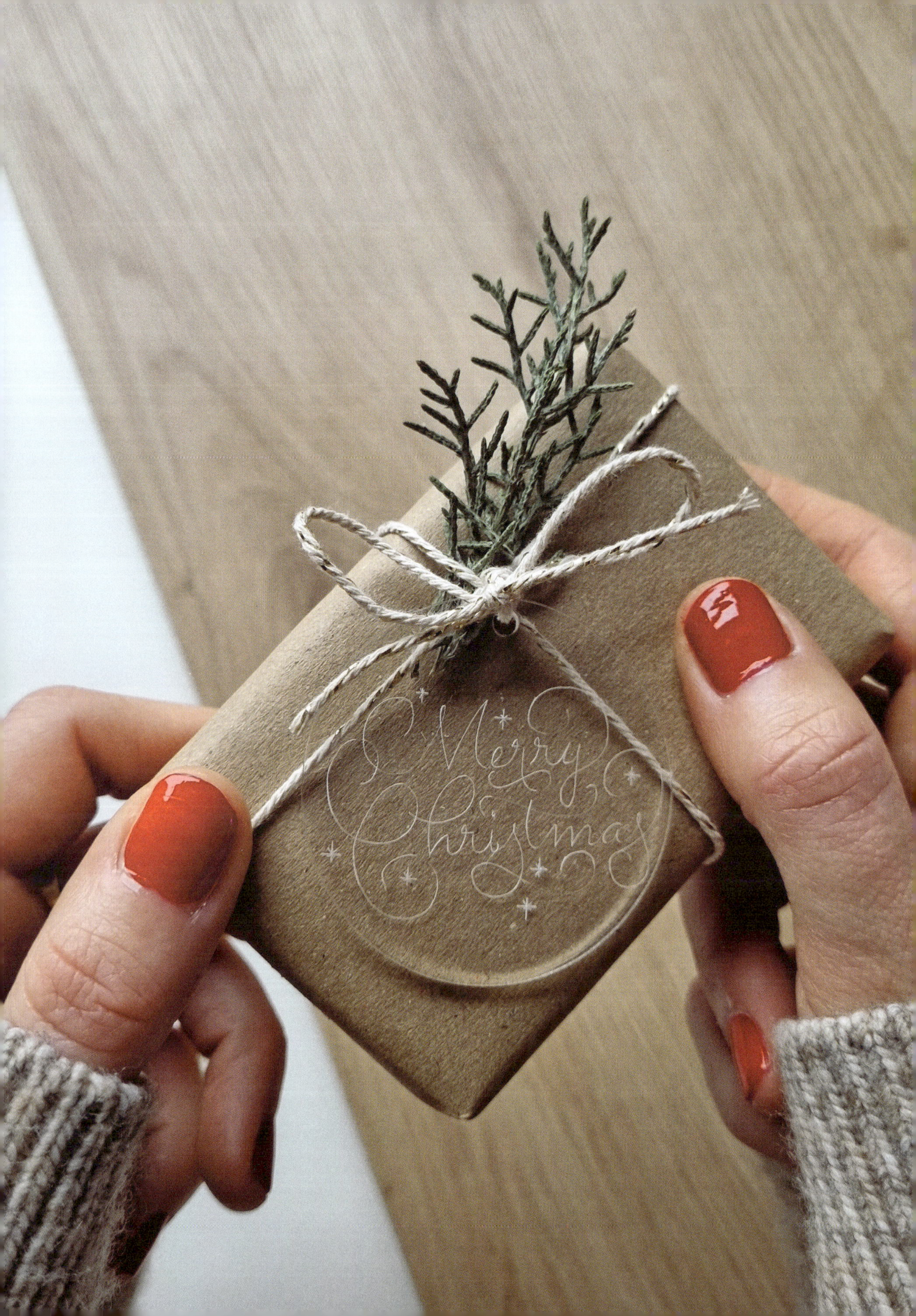
Merry Christmas

Individuelle Geschenkanhänger

Du möchtest deinem Weihnachtsgeschenk noch eine individuelle Note geben und hast noch keine Idee womit? Wie wäre es mit einem besonderen Geschenkanhänger? Mit geometrischen Formen kannst du leicht und schnell eigene Designs erstellen.

Du benötigst: Juliet-Plotter · Schneidematte · Kraftpapier · eine zweite Klinge für Papier · ein paar Stempel zum Verzieren

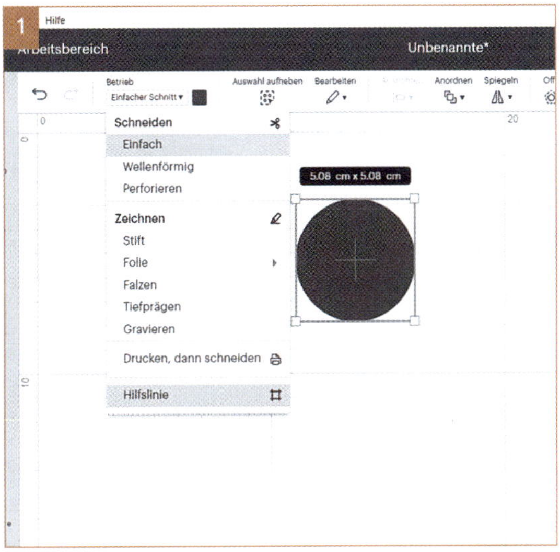

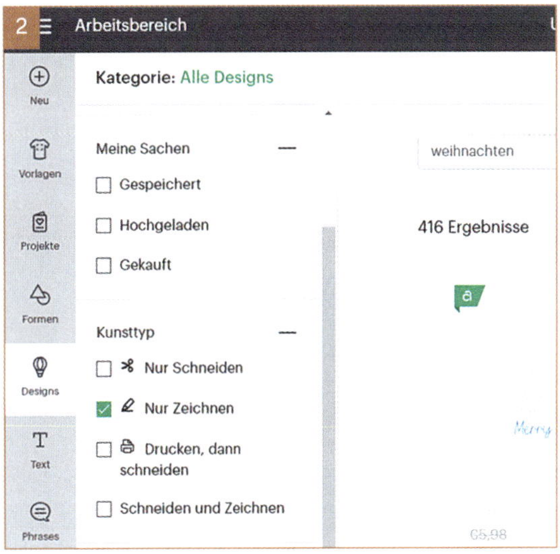

1. Öffne zunächst das Leonardo Design Studio. Füge dir vier Quadrate, ein Dreieck und drei Kreise ein und öffne das Schloss.

2. Nun kannst du die Höhe und Breite der Formen unabhängig voneinander bearbeiten. Kreis und Quadrat brauchst du für ein Wimpelchen, Quadrat und Dreieck für ein Häuschen. Du beginnst mit dem Wimpel. Ziehe aus dem Quadrat ein Rechteck und passe die Größe des Kreises an die Höhe des Rechtecks an. Lege den Kreis vorn auf das Rechteck, markiere beides und wähle »Ausrichten zentriert hochkant«. Das findest du über das Feld mit den drei kleinen Balken. Wenn du alles passend ausgerichtet hast, markiere erneut beide Teile, klicke die rechte Maustaste und wähle »Verschweißen«.

   Als Nächstes ziehst du dir einen anderen Kreis recht klein; dieser wird dir als Loch für dein Geschenkband dienen. Lege den Kreis an das hintere Ende des Wimpels, richte ihn aus und wähle über das Feld »Verschweißen« die Option »Verbund erstellen«. Nun hast du einen Wimpel mit Loch.

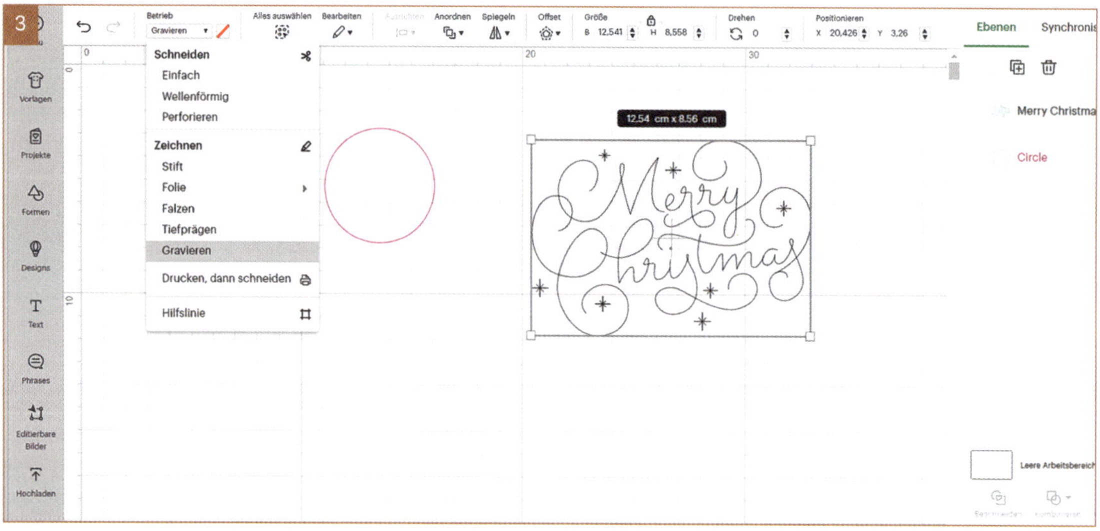

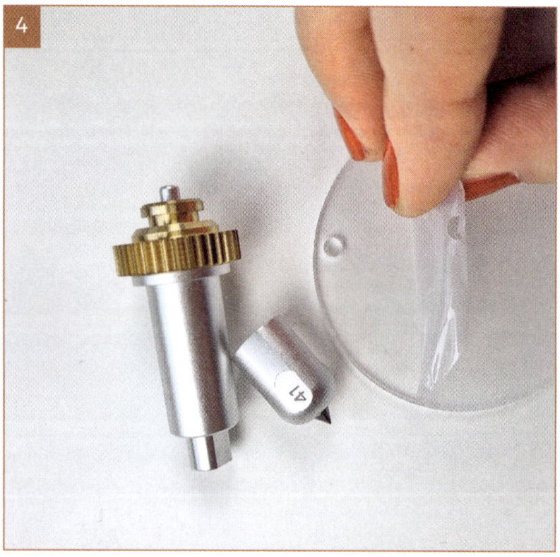

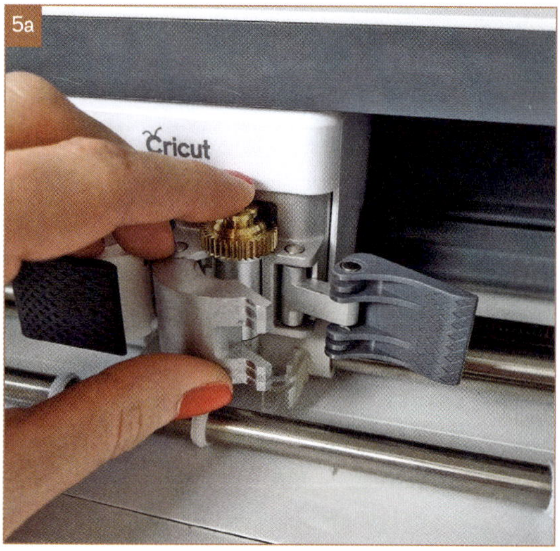

3. Für das Häuschen musst du dir erst einmal ein Dreieck konstruieren, dazu drehst du ein Quadrat und legst es auf das andere, damit sie sich so überschneiden, dass Dreiecke entstehen, und wählst dann »Verbund erstellen«. Den entstandenen Verbund markierst du und drückst auf »Verschweißen«. Im Anschluss löst du den Pfad und nimmst ein Dreieck raus, passt es an die Größe des verbliebenen Quadrats an und verschweißt es wieder.

Im Anschluss setzt du auch hier wieder den Kreis als Loch ein und kannst mit dem Herstellen beginnen.

4. Bringe das Papier auf die Schneidematte auf, stelle die Schneideeinstellungen ein und lass den Plotter beginnen zu schneiden.

5. Nutze für Papier eine andere Klinge als für deine Folien und vergiss nicht, dass die Juliet unten links ihren Nullpunkt hat.

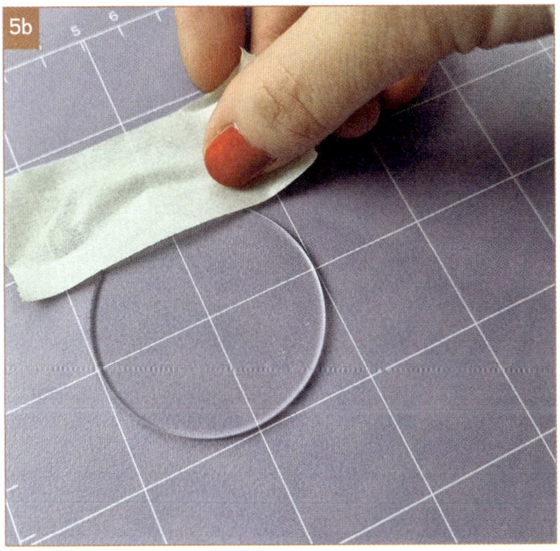

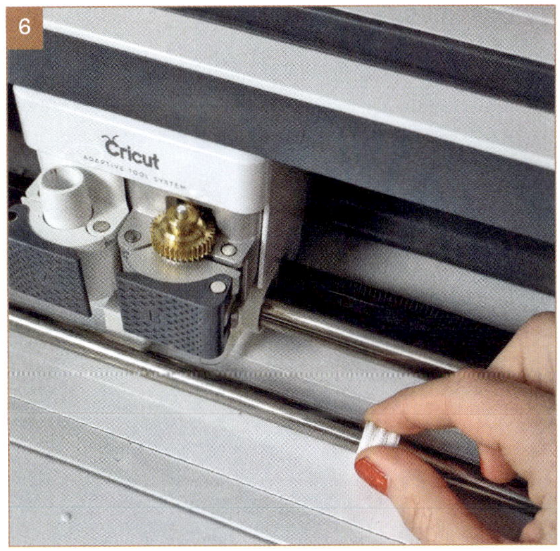

6. Am Ende kannst du deine Anhänger noch nach Belieben verzieren, sei es mit einem Plott oder mit Stiften per Hand.

   Jetzt kannst du die Geschenke mit deiner persönlichen Note aufpimpen.

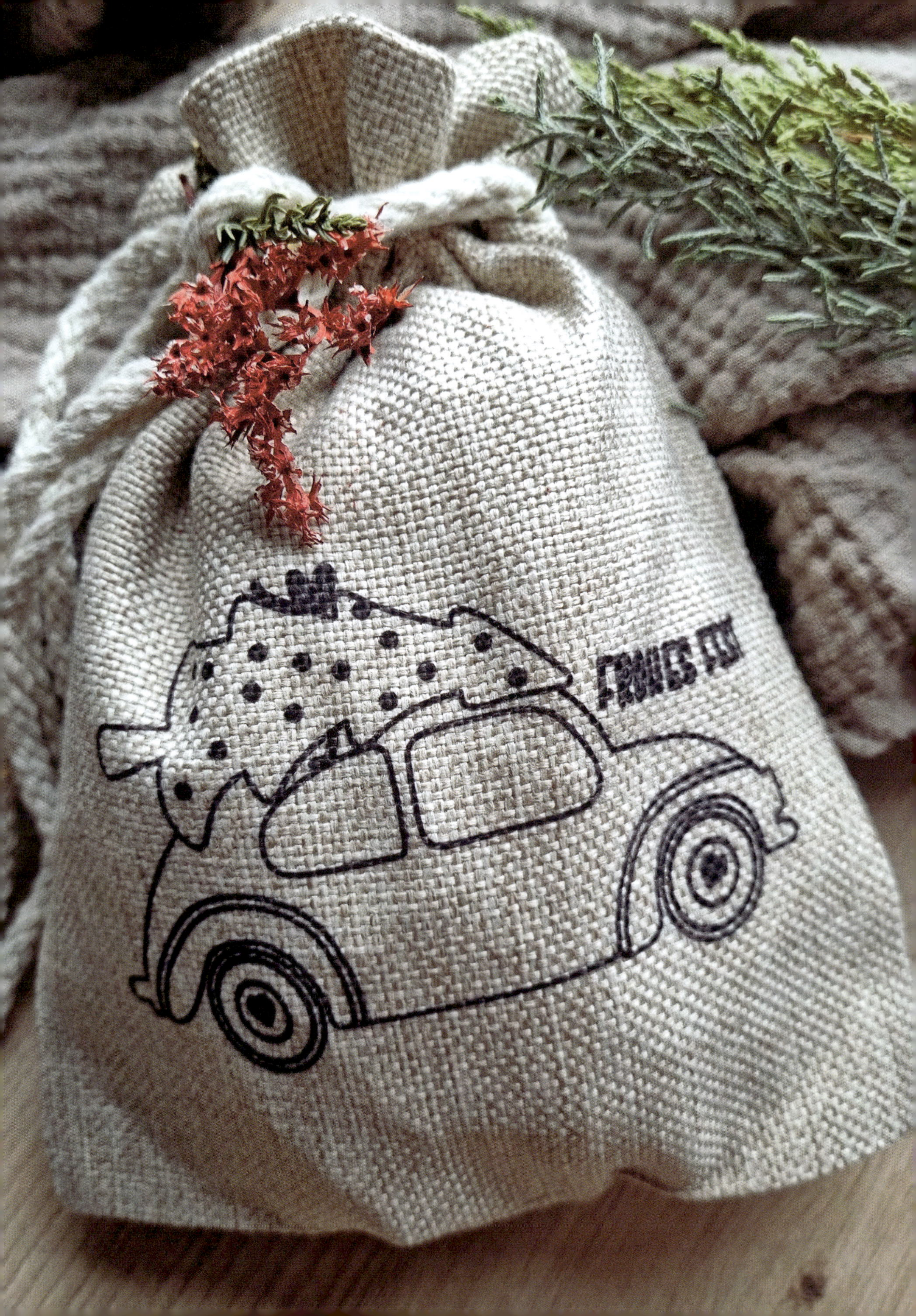

Exquisite Geschenkesäckchen

Das Thema Verpacken nimmt in der Weihnachtszeit eine große Rolle ein, nicht umsonst gibt es ein ganzes Kapitel dazu in diesem Buch. Neben verschiedenen Folien hast du auch die Arbeit mit Stiften kennengelernt und nun kommt eine ganz bestimmte Stifteart dazu.

Du benötigst: Juliet-Plotter · Kopierpapier · Sublimationsmaker · Backpapier · hitzebeständiges Klebeband · Sublimationsrohling · eine Presse, die mindestens 180 Grad erreichen kann

1a

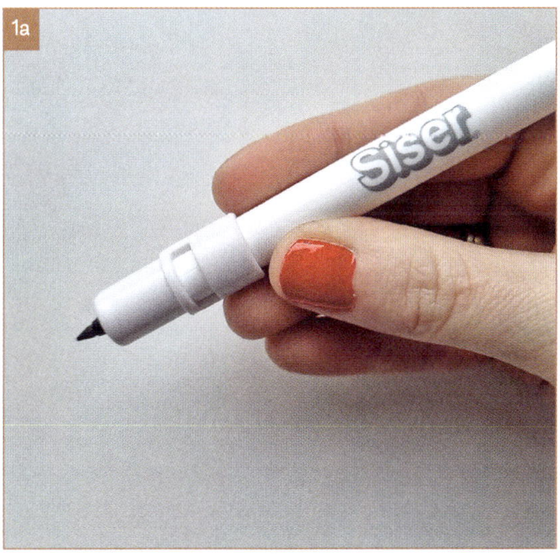

1b

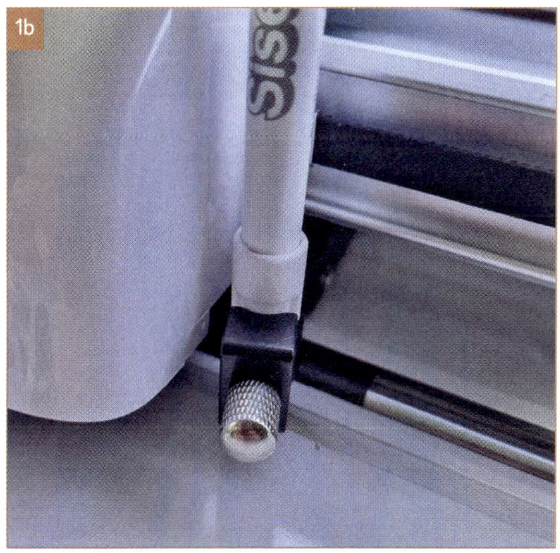

1. Bei der Sublimation wird die Farbe direkt in das Textil gebracht, daher ist ein hoher Polyesteranteil des Textils notwendig. Nimm daher am besten wirklich Rohlinge, die für Sublimation ausgelegt sind.

Die nachfolgenden Schritte sind supereinfach. Stecke deinen Pen in den Stiftehalter, stecke beides in die Halterung am Plotter und drehe diese fest.

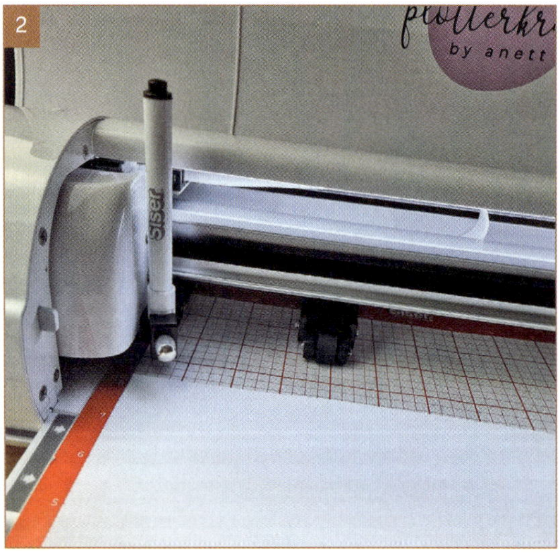

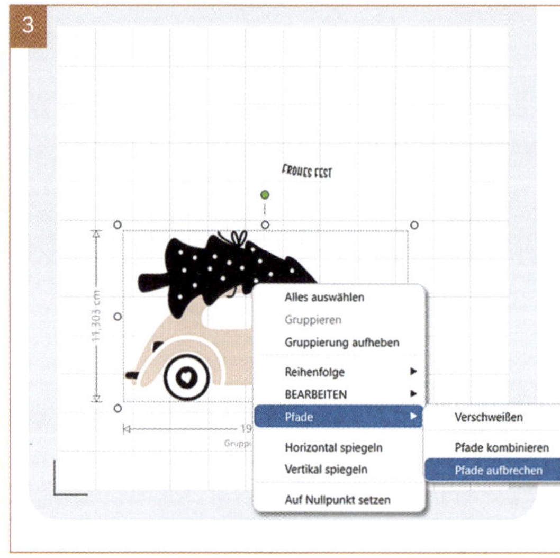

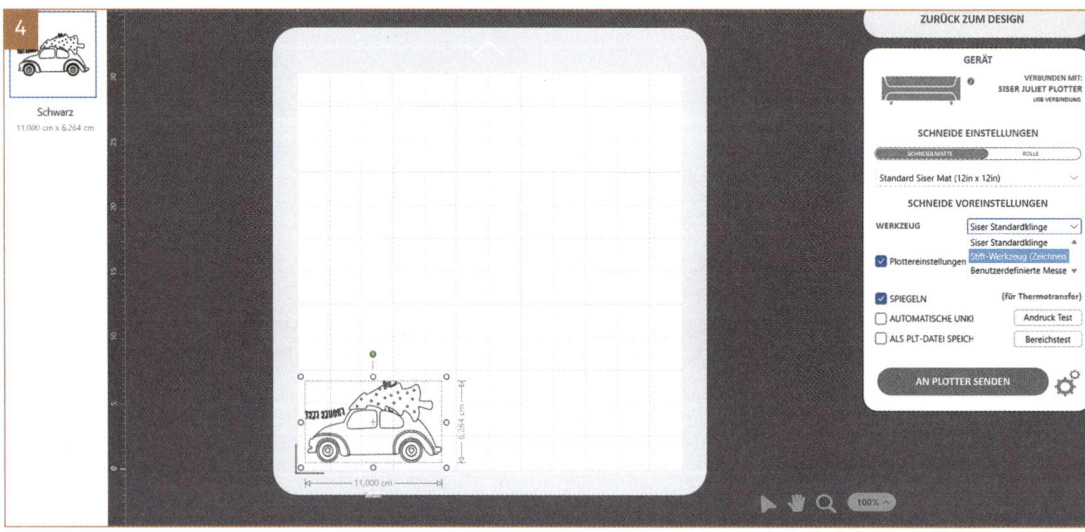

2. Danach bringst du Kopierpapier auf deine Schneidematte auf, wählst ein beliebiges Material und einen Anpressdruck von 1, um die Miene des Stiftes nicht platt zu drücken.

3. Im Leonardo Design Studio wählst du als Werkzeug »Stift« anstatt »Standardklinge«.

   So viel zu den Vorbereitungen, nun zum Motiv. Du kannst dir aus der Bibliothek eine Vorlage aussuchen oder eine eigene hochladen. Ich habe wieder eine Datei der lieben Sandra von kleinerspatz genommen und die Linien, die ich nicht brauchte, gelöscht. Dazu muss man die Pfade aufbrechen, Linien verschieben, einige Elemente entfernen.

4. Am Ende erstellt man aus den übrigen Teilen wieder einen Pfad und kann das Ganze an den Plotter senden. Vergiss nicht, das Häkchen bei »Spiegeln« zu setzen.

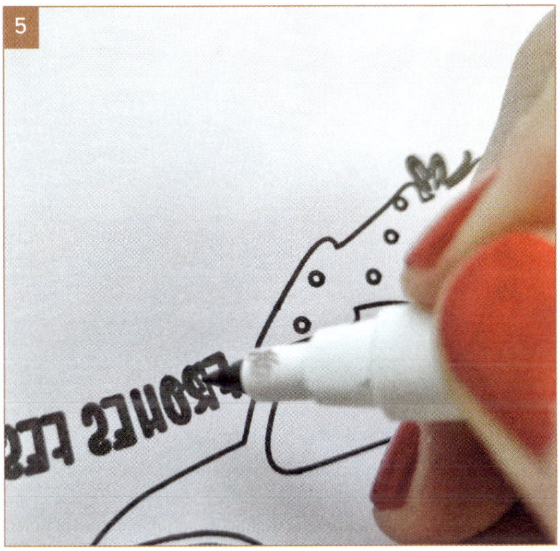

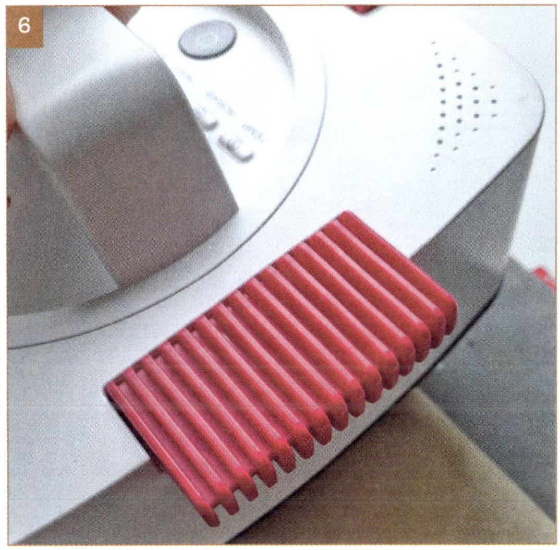

5. Wenn am Ende noch Zwischenräume da sind, die du nicht magst, kannst du sie per Hand mit dem Stift ausmalen. Auch wenn du Flächen mit Farbe füllen willst, kannst du sie einfach ausmalen.

6. Als Nächstes heizt du deine Transferpresse auf 190 Grad, gepresst wird 45 Sekunden. Lege das Kopierpapier auf den Rohling, befestige es ggf. mit hitzebeständigem Klebeband. Nun wickelst du Backpapier um alles, damit nirgends Farbe landet, wo sie nicht hinsoll. Nun kannst du mit dem Pressen beginnen.

   Entferne Backpapier und Kopierpapier, befülle dein Geschenksäckchen und freue dich über staunende Augen bei der Übergabe.

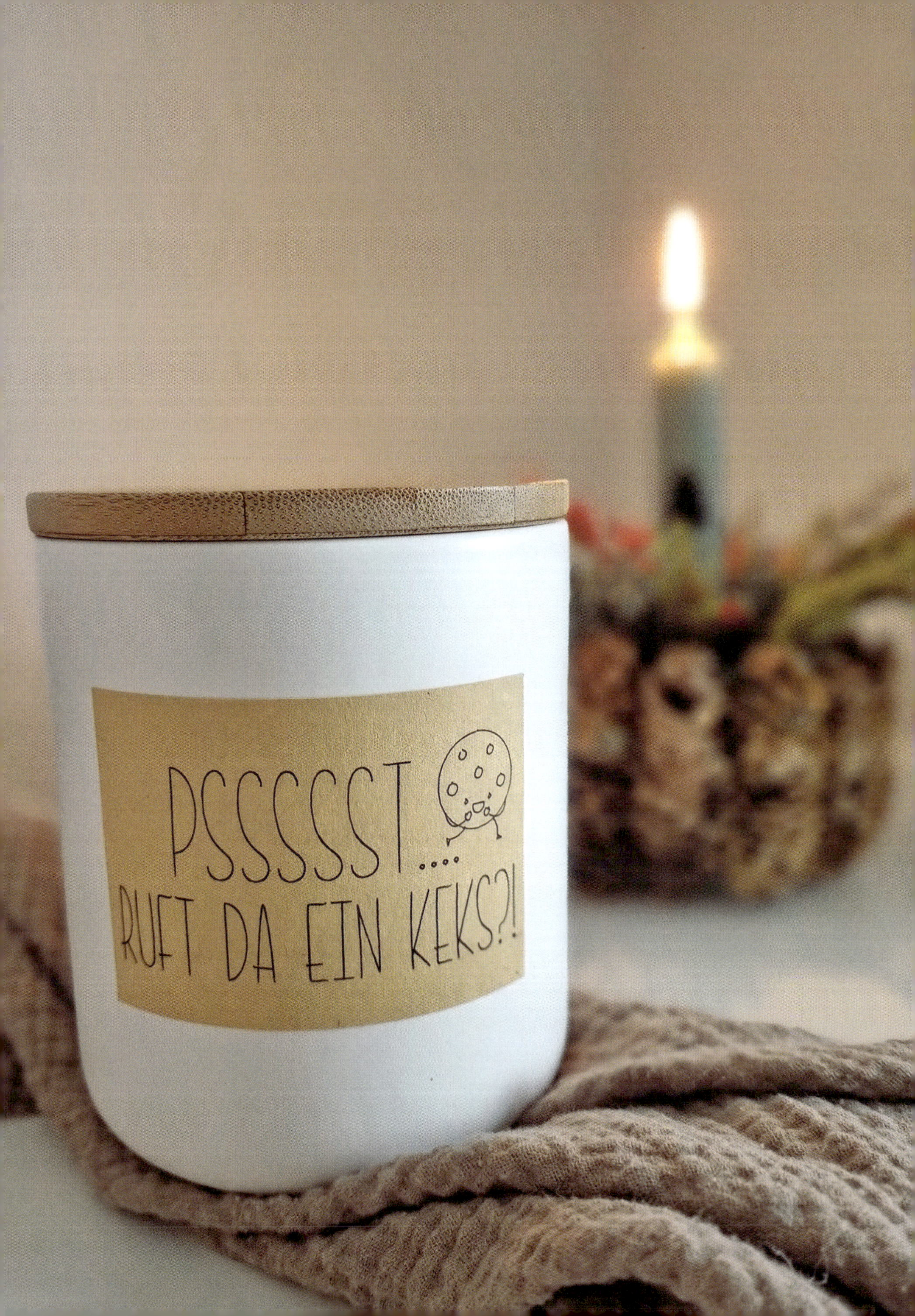
PSSSSST....
RUFT DA EIN KEKS?!

Psssst, ruft da ein Keks?

Ob für dich oder als süße Geschenküberraschung, Kekse gehen immer, und am besten noch in einem hübschen Gefäß.

Du benötigst: Cricut-Plotter · Vorratsbehälter · Etikettenpapier · Schneidematte · eine zweite Klinge für Papier · Cricut-Stift deiner Wahl

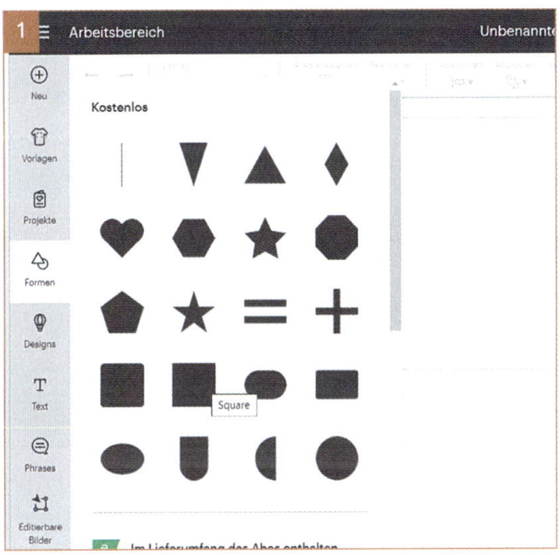

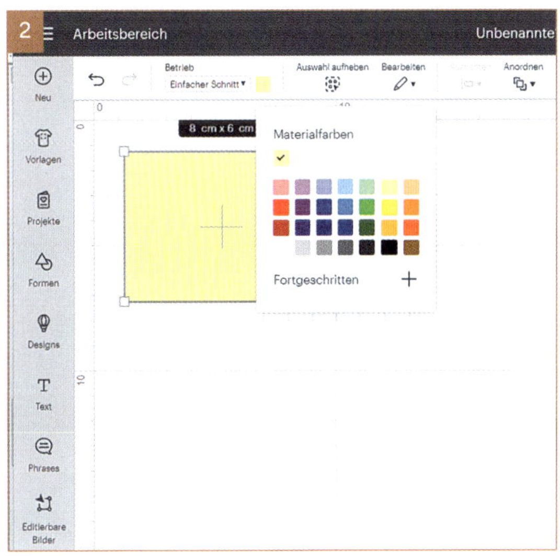

1. Füge ins Design Space zunächst eine Form ein. Diese wird später den Umriss für dein gezeichnetes Motiv bilden. Ich habe mich für ein einfaches Rechteck entschieden.

2. Dazu fügst du ein Quadrat ein, öffnest das Schloss neben den Maßen und kannst nun Höhe und Breite unabhängig voneinander verändern. Ich habe 5,5 cm × 7,5 cm genommen, die Größe kommt aber natürlich auf dein Gefäß an. So entsteht aus dem Quadrat ein Rechteck. Stelle das Rechteck auf eine helle Farbe um, so kannst du besser sehen, wie dein Motiv aussehen soll und wie du alles anordnen musst.

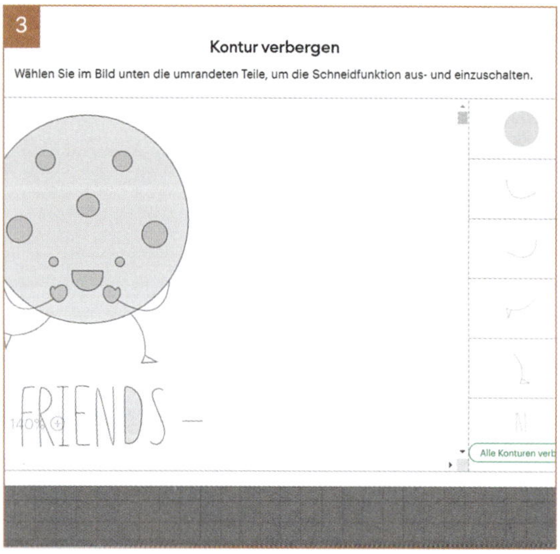

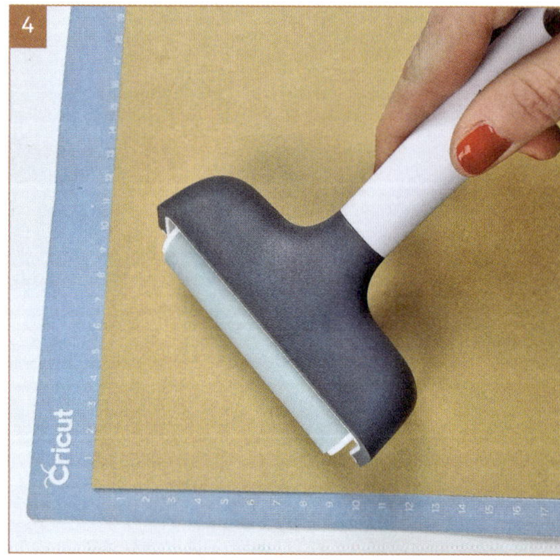

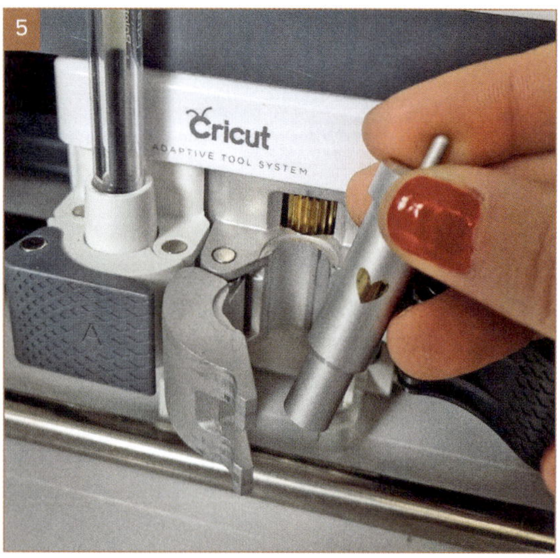

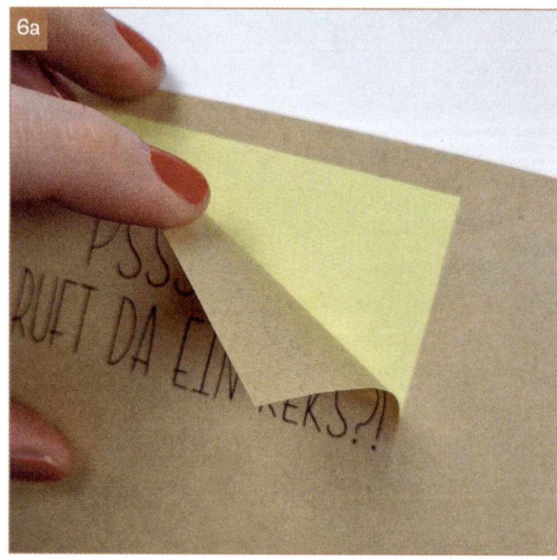

3. Im Anschluss öffnest du die Designs, gehst auf »Alle Designs durchstöbern« und wählst unter »Kunsttyp« »Nur zeichnen« aus. Nun kannst du über die Schlagwortsuche nach passenden Motiven suchen. Wenn du ein einfarbiges Motiv gefunden hast, aber manche Elemente davon nicht haben möchtest, kannst du über »Kontur« die Teile ausblenden, die du nicht benötigst. Lege dir dazu am besten das Motiv in die linke obere Ecke, so hast du direkt im Blick, was passiert.

4. Wenn dir dein Motiv gefällt, markiere es und wähle »Verbinden«. Richte danach das Motiv auf deinem Rechteck aus und verbinde erneut. Jetzt kann es mit der Herstellung losgehen.

   Bringe das Etikettenpapier auf die Schneidematte auf.

5. Stelle als Nächstes das Material ein. Bei mir klappt Kopierpapier mit mehr Druck gut, das hängt aber individuell vom jeweiligen Material ab.

6b

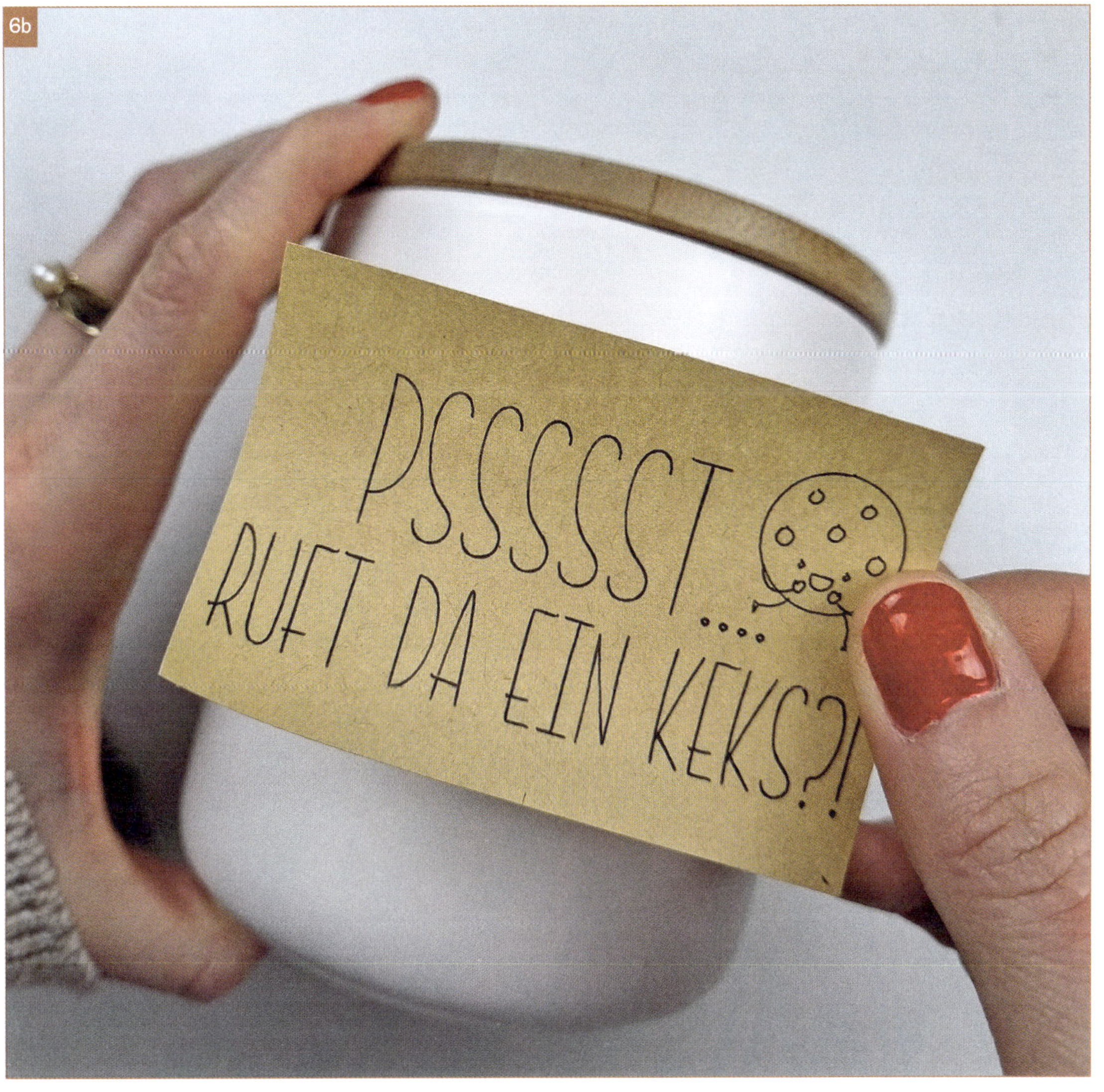

Und auch hier gilt: Vergiss nicht, deine Klinge zu wechseln – Papier macht die Klinge stumpf. Lege also die Klinge für Papier ein und den Stift.

6. Wenn der Plotter seine Arbeit getan hat, kannst du das Endergebnis wie einen herkömmlichen Aufkleber abziehen und auf deinem Behältnis aufbringen.

   Schnell noch die Kekse reinpacken, verschenken und hoffen, dass der Beschenkte mit dir teilt.

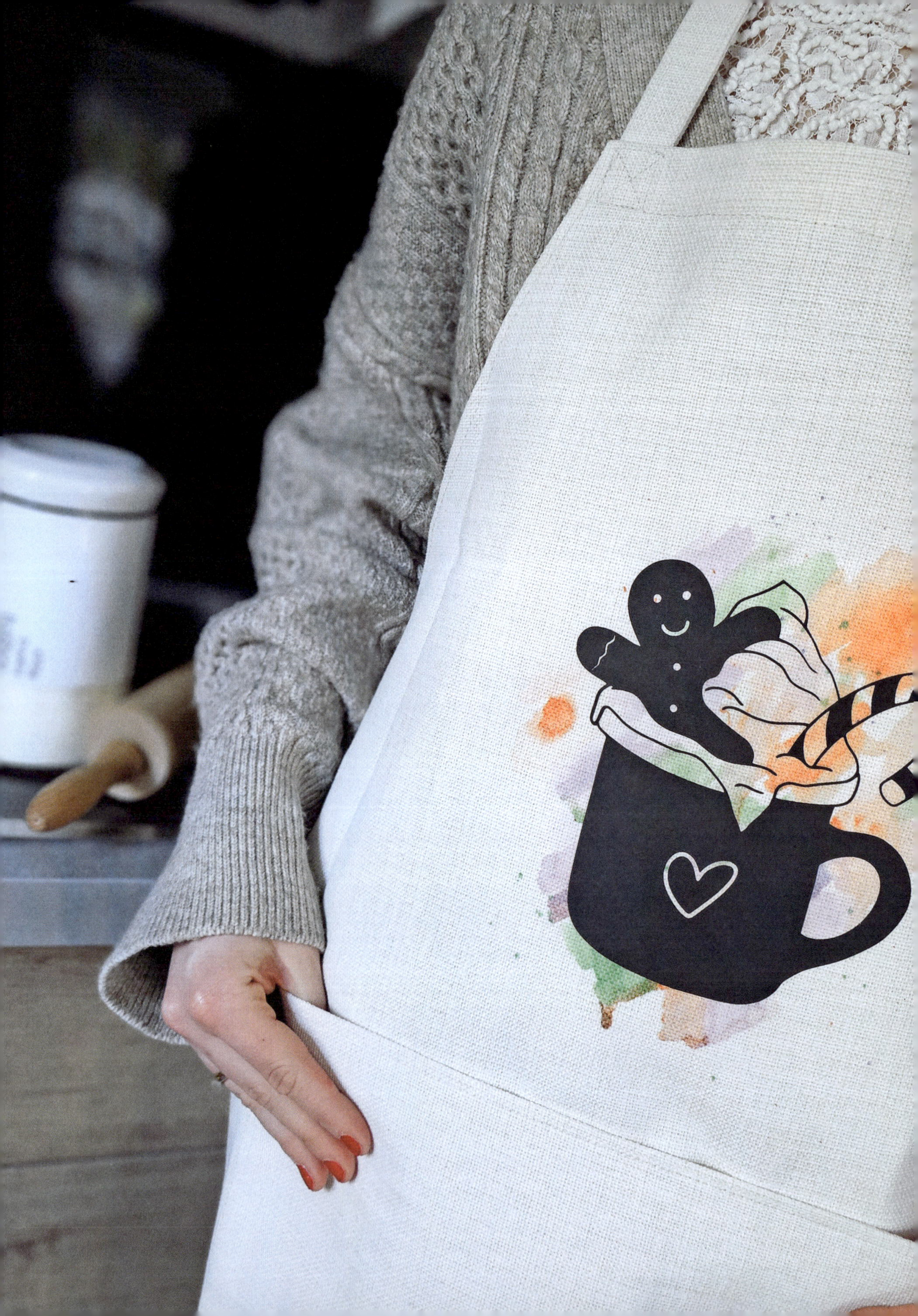

Schicker Spritzschutz

Du bekleckerst dich bei jeder sich bietenden Gelegenheit oder kennst jemanden, dem genau das immer passiert? Tja, dann solltest du demjenigen mal eine hübsche Schürze schenken.

Du benötigst: Brother-Plotter · Schneidematte · Schürzenrohling, der für Sublimation geeignet ist · Sublimationsstifte · Kopierpapier · Pinsel · hitzebeständiges Klebeband · Flexfolie · Entgitterhaken · Schere · Presse deiner Wahl (das Bügeleisen ist für diese Technik ungeeignet)

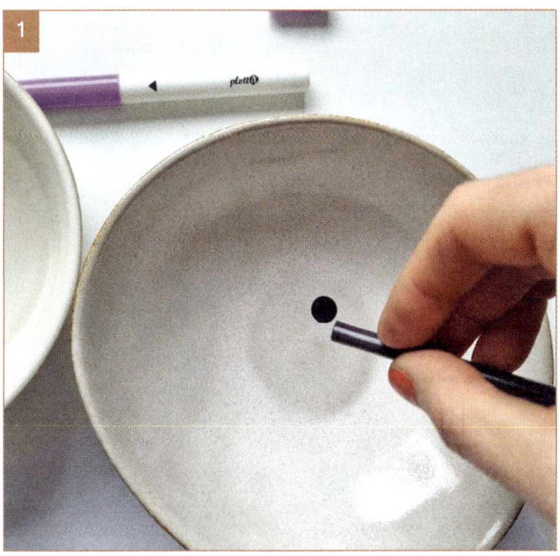

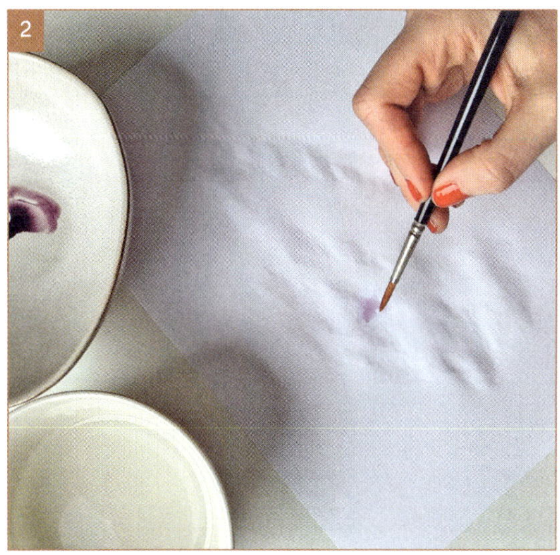

1. Die ersten Schritte erfolgen ohne Plotter. Du erstellst einen Hintergrund in Watercolour-Optik für das geplottete Motiv. Dazu nimmst du dir die Sublimationsstifte und ziehst hinten die Kappe ab – klappt notfalls mit den Zähnen ganz gut. Wenn der Stift offen ist, ziehst du die Farbrolle raus und tropfst ein klein wenig Farbe in eine Schüssel.

2. Anschließend befeuchtest du erst ein bisschen dein Blatt und dann deinen Pinsel.

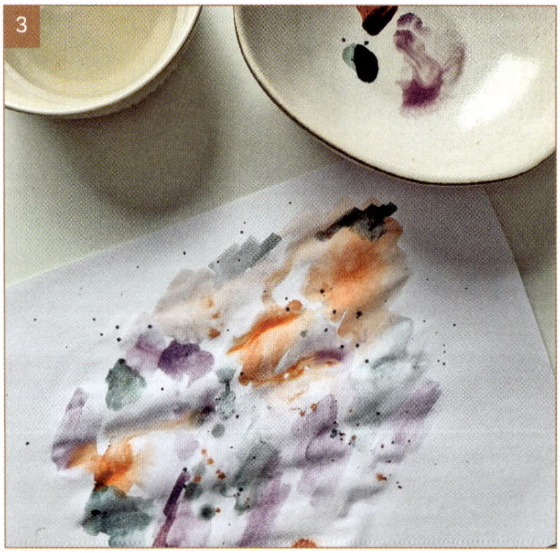
3

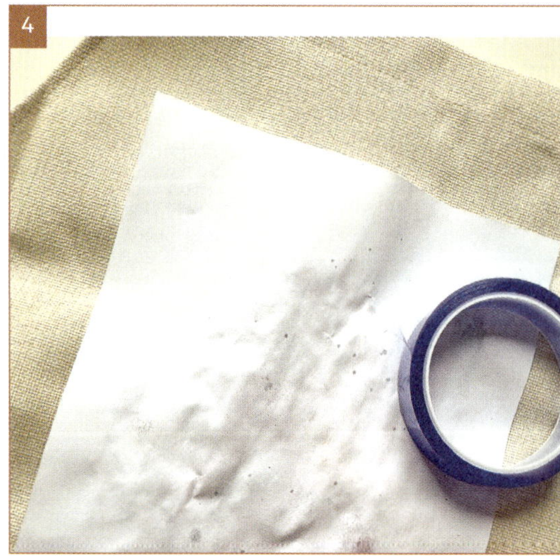
4

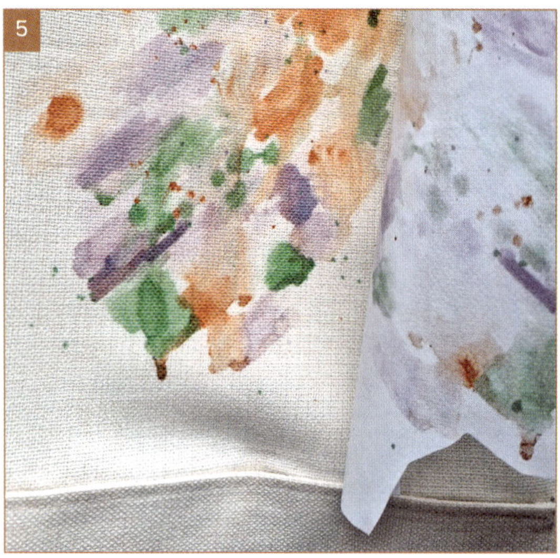
5

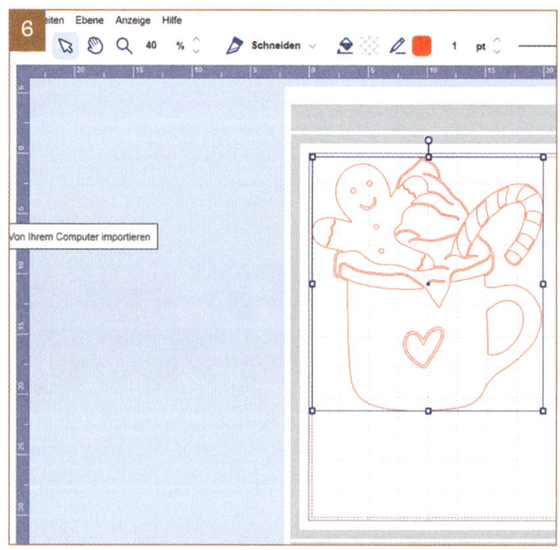

6

3. Nun kannst du nach Belieben losklecksen.

4. Danach muss das Blatt trocknen, bevor du es mithilfe einer Presse deiner Wahl bei 190 Grad 45 Sekunden auf die Schürze presst. Du kannst das Papier mit hitzebeständigem Klebeband fixieren, legst dann das Backpapier darauf und presst los. Bei diesem Projekt empfiehlt es sich, wirklich eine Presse und nicht nur das Bügeleisen zu nutzen.

5. Wenn der Hintergrund auf der Schürze ist, kannst du dich ans Plotten machen.

6. Über »SVG einfügen« kannst du im Canvas Workspace direkt Dateien hochladen. Ich habe mich für eine ganz tolle Vorlage der lieben Jana von Fabulous. Plotterlove entschieden.

7
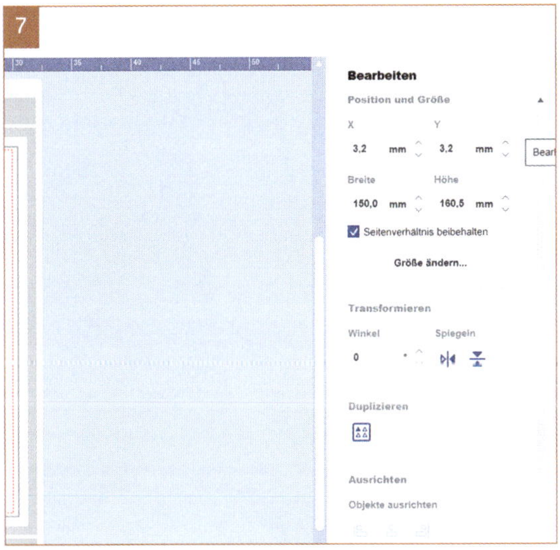

8
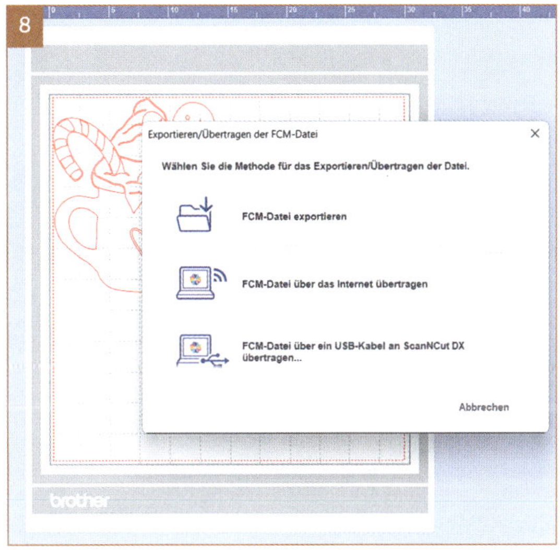

9
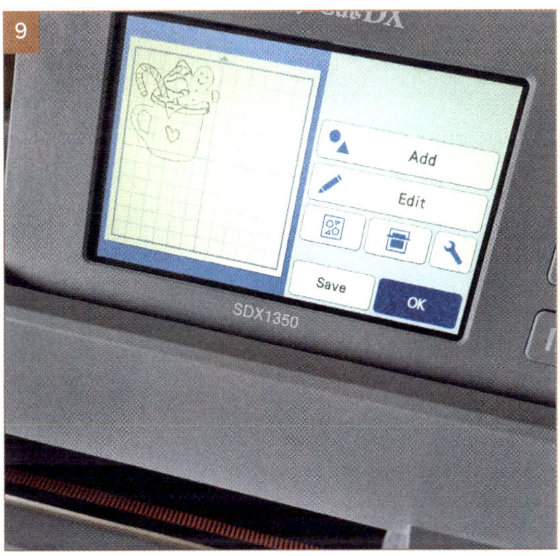

10
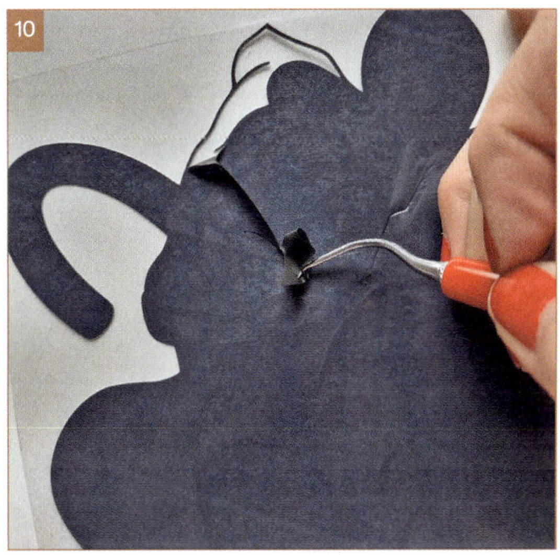

7. Ganz rechts kannst du über das viereckige Symbol das »Bearbeiten«-Fenster öffnen. Dort siehst du die genaue Größe und kannst auch gleich auswählen, dass dein Motiv gespiegelt werden soll.

8. Als Nächstes überträgst du die Datei auf deinen Brother.

9. Ist die Übertragung abgeschlossen, siehst du das Motiv auf dem Display des Plotters.

10. Über das Display gibst du den Befehl zum Schneiden. Wichtig ist, dass du bei Materialien, die auf einem Träger sind, den Halbschnitt anschaltest. Für Flex und Vinyl eignet sich das Messer mit der blauen Kappe am besten.

Nach dem Schnitt entgitterst du das Motiv.

Im Anschluss kannst du es aufpressen. Bei diesem Pressvorgang ist es wieder egal, ob du eine Presse oder ein Bügeleisen nutzt.

Jetzt ist die Schürze verschenkbereit oder kann selbst bekleckert werden.

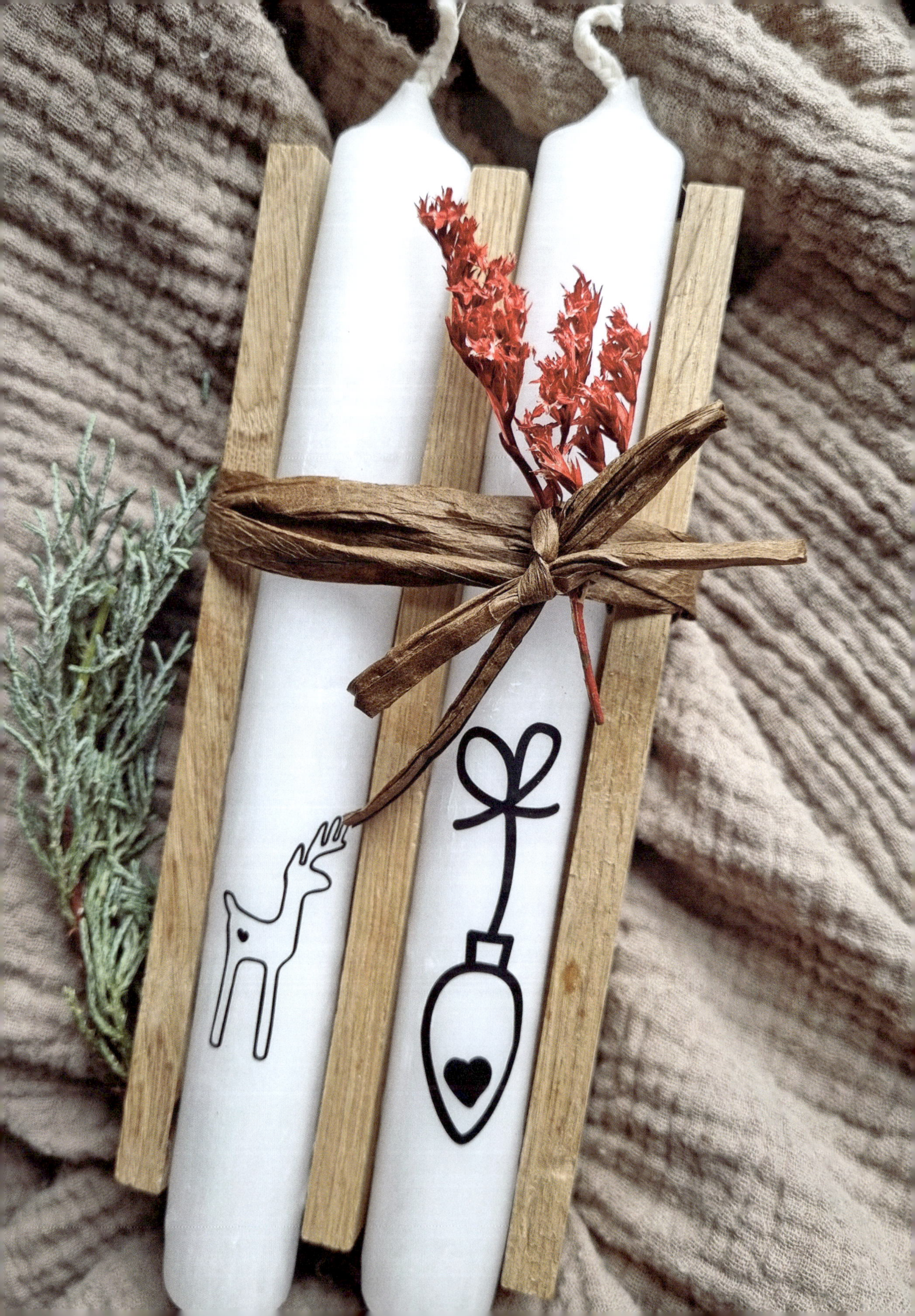

Weihnachtliches Leuchten

Kerzen sind ein absolutes Muss in der Weihnachtszeit und darum erfährst du hier, wie du sie individuell verschönern kannst. Folgendes ist allerdings wichtig zu wissen: Vinyl ist Dekoration und nicht zum Anzünden geeignet. Diese Kerzen sind also wunderschön, aber nicht feuerfest. Wenn du sie trotzdem anzünden willst, bring das Vinyl möglichst weit unten an und wenn die Flamme dort ankommt, ziehst du es einfach ab.

Du benötigst: Brother-Plotter · Kerzen · Vinylfolie · Schneidematte · Entgitterhaken · Schere · Malerkrepp (Du kannst auch herkömmliche Übertragungsfolie nutzen, mit Malerkrepp geht es aber etwas einfacher.)

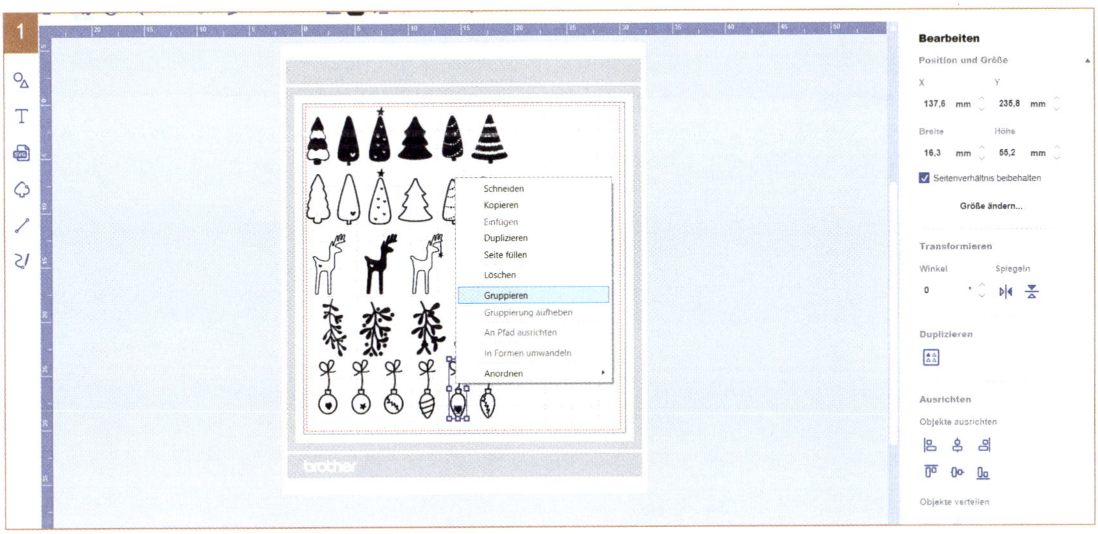

1. Lade als Erstes die gewünschte Datei im Canvas Workspace hoch. Wenn du Dateien mit mehreren Motiven hochlädst, kann es sein, dass keine Gruppierung vorhanden ist, was bedeutet, dass du jede Fläche einzeln bewegen kannst. Achte letztlich darauf, die Elemente zu löschen, die du nicht benötigst, und gruppiere das übrig gebliebene Motiv, sofern es aus mehreren Elementen besteht.

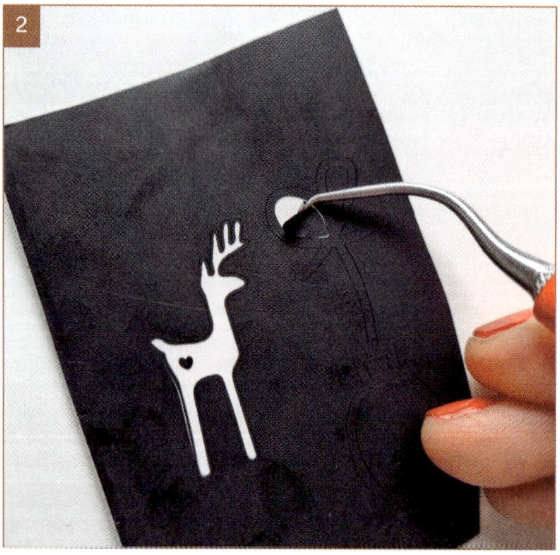

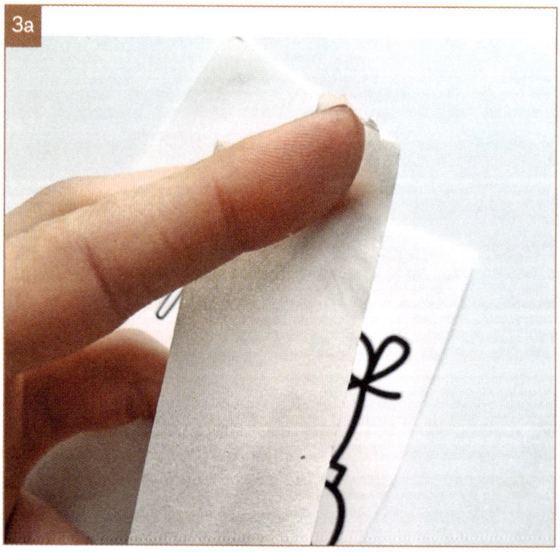

2. Wenn du mit deinem Design zufrieden bist, passe die Größe an und sende es an deinen Brother. Ich habe mich für eine Datei von der lieben Sandra von kleinerspatz entschieden. Denke wieder daran, dass du den Halbschnitt benötigst. Nach dem Schnitt entgitterst du alles, entfernst also die überschüssige Folie.

3. Klebe nun den Malerkrepp auf dein Motiv und gehe mit der Rakel darüber. Auf diese Weise nimmst du die Vinylfolie von der Trägerfolie ab und hast sie am Malerkrepp.

Danach klebst du dieses auf die Kerze und rakelst erneut, um die Folie wieder vom Malerkrepp herunterzubekommen.

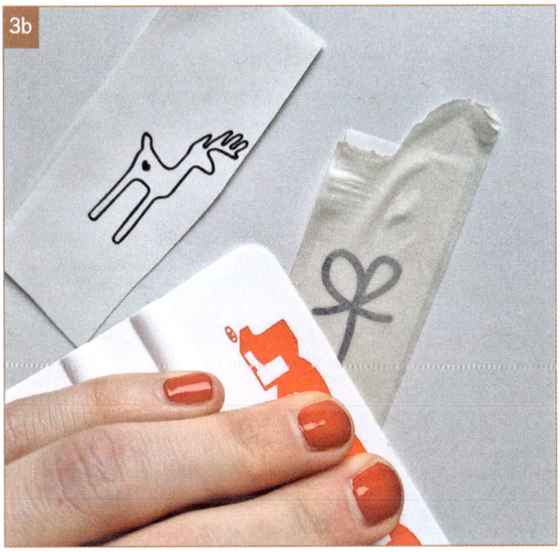

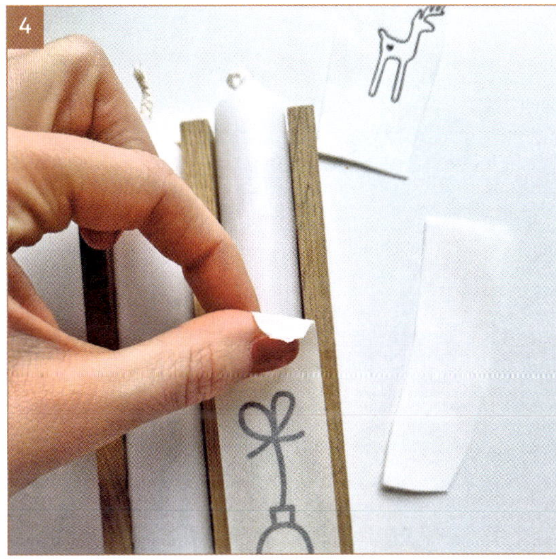

4. Im letzten Schritt ziehst du vorsichtig und mit viel Gefühl den Krepp ab.

   Gegebenenfalls musst du noch einmal rakeln oder etwas mit den Fingern nachhelfen. Für Kerzen braucht man generell Fingerspitzengefühl.

Zum Schluss die fertigen Kerzen noch schön verpacken und in gute Hände geben.

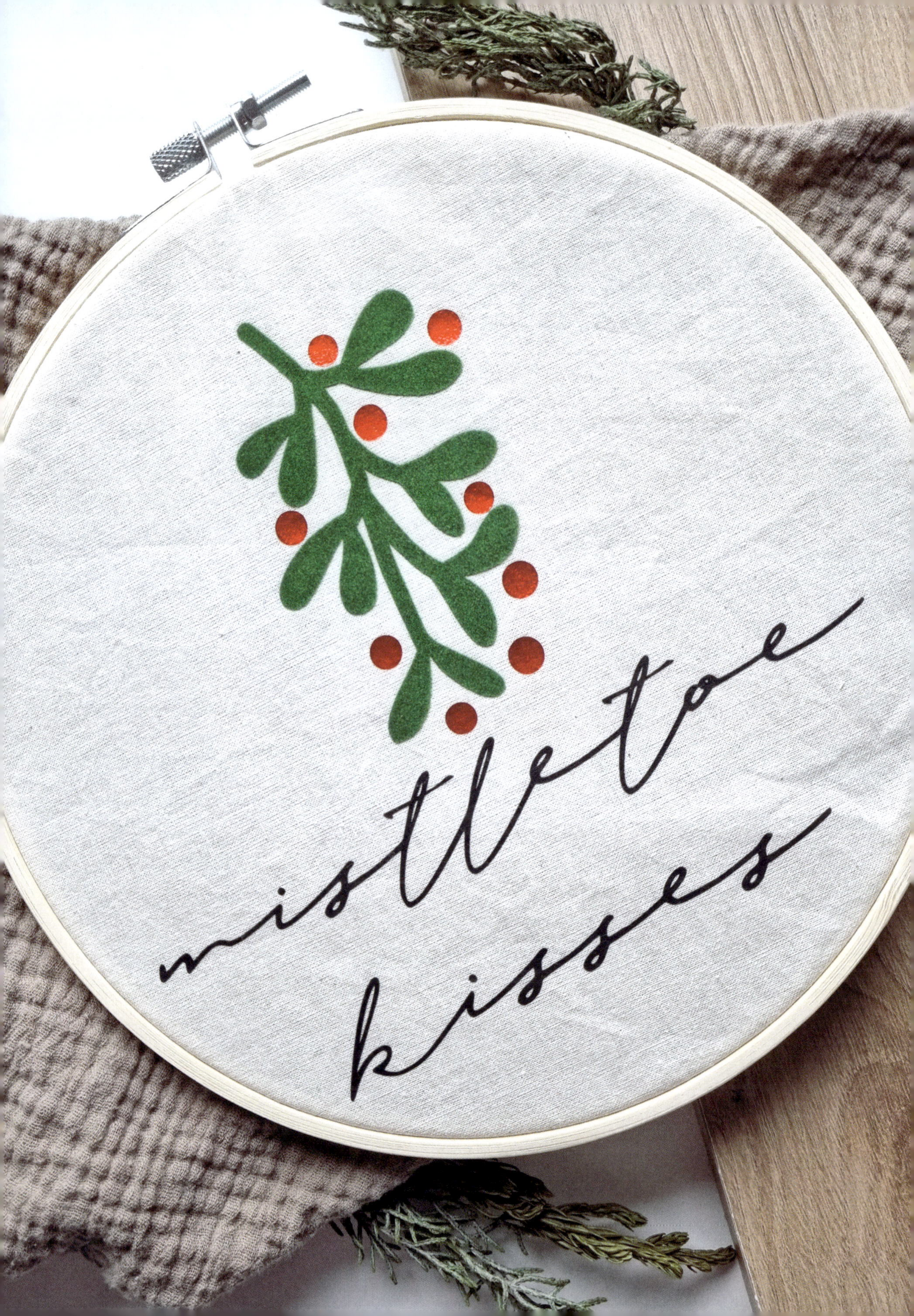
mistletoe
kisses

Mistletoe Kisses

Weil wir natürlich noch nicht genug Dekoration haben, kreieren wir noch ein bisschen mehr.

Du benötigst: Brother-Plotter · Stickrahmen · Stoff · Flexfolie · Schneidematte · Entgitterhaken · Schere · Heißklebepistole · Pressgerät deiner Wahl · Kraftpapier · 2 Klingen, eine für Papier und eine für Folie

---

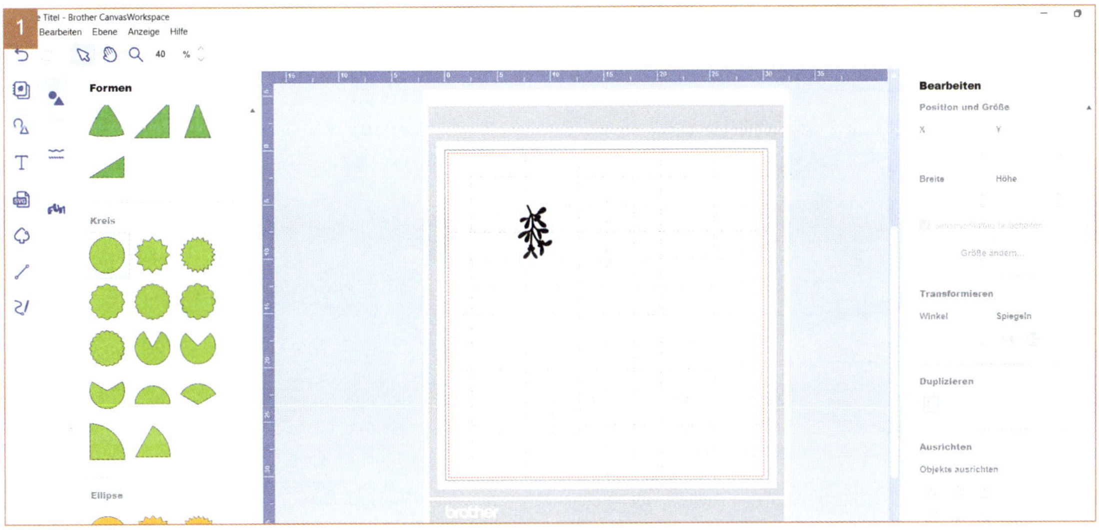

1. Füge dir im Canvas Workspace zunächst einen Kreis in den Maßen des Stickrahmens ein. Ich habe 20 cm gewählt.

   Der Kreis dient dir zum einen als Vorlage, um das Motiv in der passenden Größe anpassen zu können, und zum anderen kannst du ihn dir am Ende noch aus Kraftpapier ausschneiden und hast so eine Rückwand für den Stickrahmen. Allerdings musst du ihn vor dem Schneiden etwas größer ziehen, da die Rückseite des Stickrahmens einen etwas größeren Durchmesser hat als die Innenseite.

   Bei dem Motiv habe ich mich für eine Kombination aus Sandra von kleinerspatz und Jana von Fabulous.Plotterlove entschieden. Ich habe beide Dateien hochgeladen und die Motive eingefügt, alle überflüssigen Elemente gelöscht und schließlich alles am Kreis ausgerichtet.

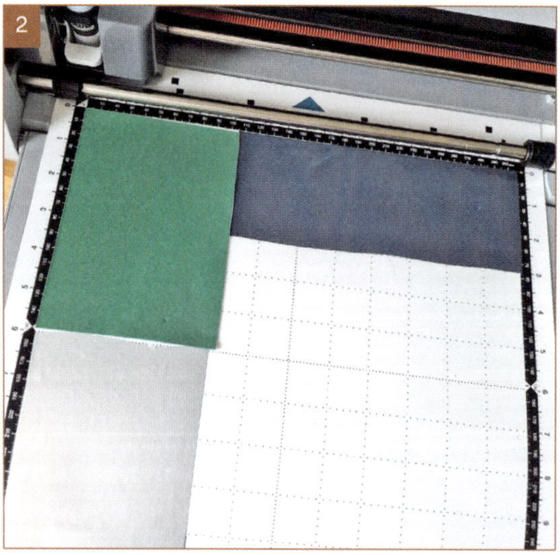

2

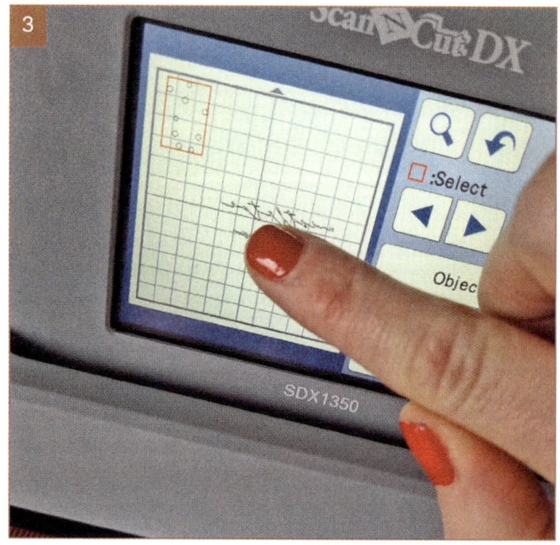

3

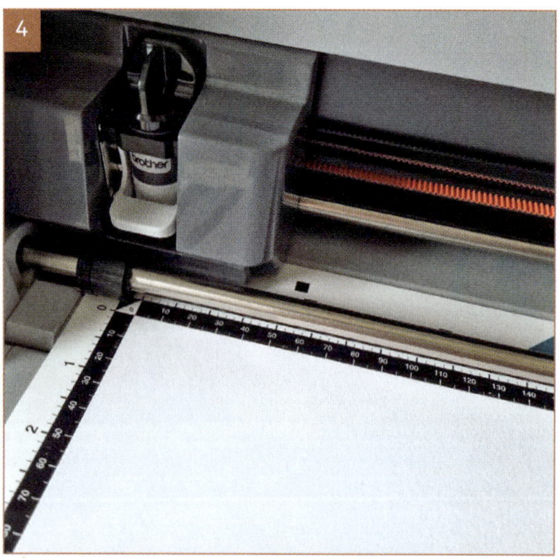

4

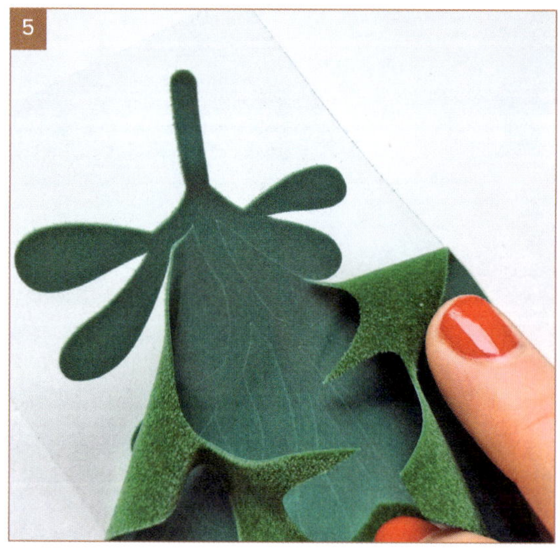

5

2. Nun kann das Herstellen beginnen und vergiss nicht zu spiegeln. Der Plott wird aus drei Farben und Folien bestehen, die du alle auf der Schneidematte aufbringen kannst.

3. Das Gute ist: Der Brother erkennt ganz automatisch, mit welchen Einstellungen er welche Folie schneiden muss. In meinem Fall hat er sogar alle drei Folien auf einmal geschafft. Wer auf Nummer sicher gehen will, lässt die verschiedenen Folien nacheinander schneiden.

Ausgerichtet werden die Motive über das Display und danach kann es mit dem Schneiden losgehen.

4. Den Kreis habe ich vorerst gelöscht, weil man für diesen nicht den Halbschnitt braucht.

Nachdem die Folien durch sind, wechselst du auf die schwarze Klinge und nimmst den Halbschnitt wieder raus, um den Kreis zu schneiden.

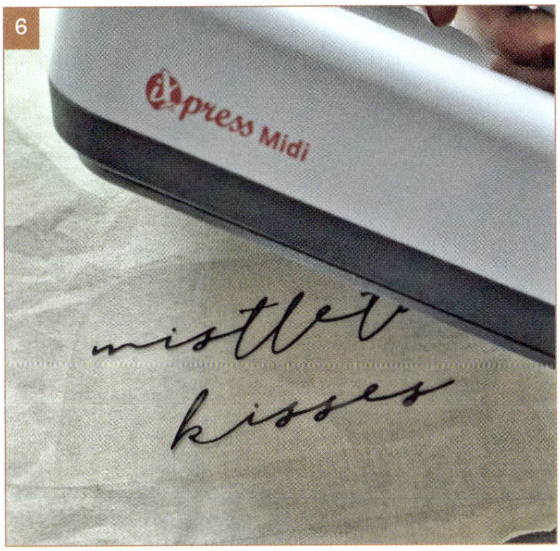

6

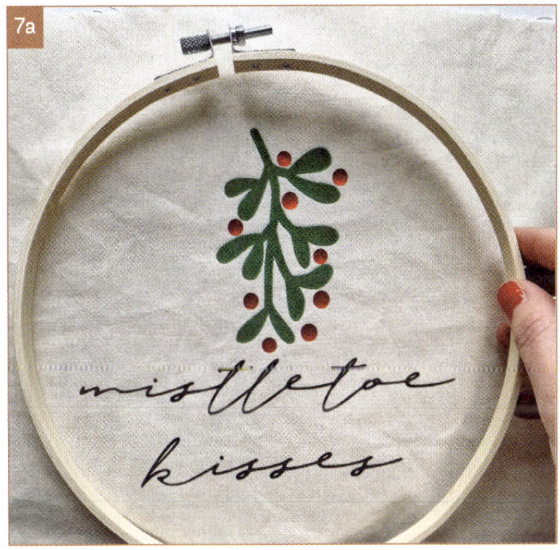

7a

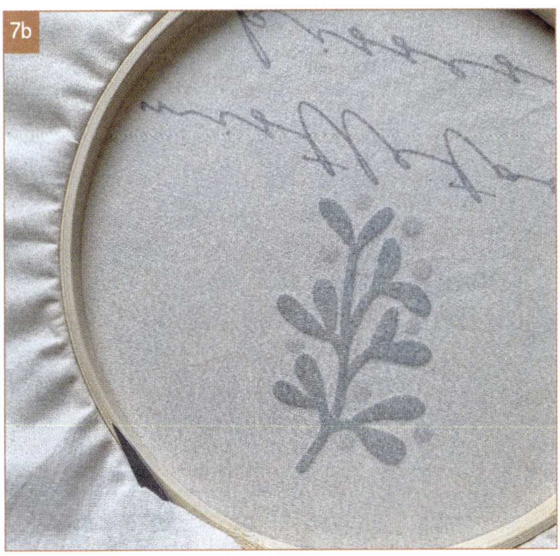

7b

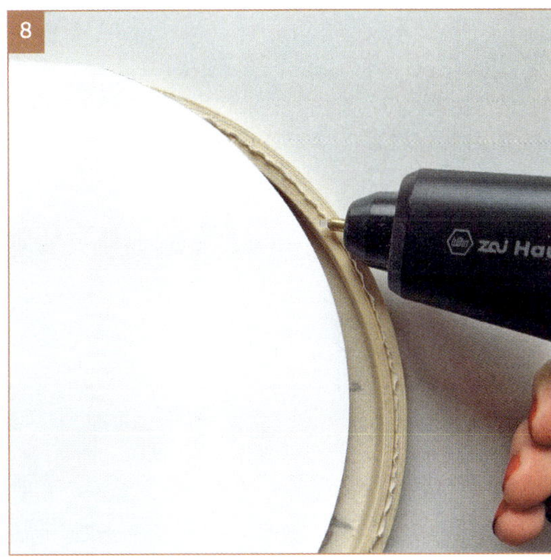

8

5. Heize in der Zwischenzeit deine Presse vor. Nun kannst du die drei Teile des Motivs der Reihe nach aufpressen, aber natürlich entgitterst du vorher noch wie gewohnt.

6. Beginne beim Pressen am besten mit der Schrift, danach ist der Zweig dran und am Schluss die Punkte.

   Beachte, dass man verschiedene Folien auch auf verschiedene Weise abziehen muss. Der Zweig ist beispielsweise aus Flock und muss in kaltem Zustand abgezogen werden.

7. Im Anschluss spannst du den Stoff in den Stickrahmen ein und schneidest auf der Rückseite den überschüssigen Stoff randnah ab.

8. Und im letzten Schritt klebst du mit der Klebepistole den Kreis auf dem Holz fest.

   Jetzt kannst du ein schönes Plätzchen für dein Werk suchen und dich auf viele Küsschen freuen.

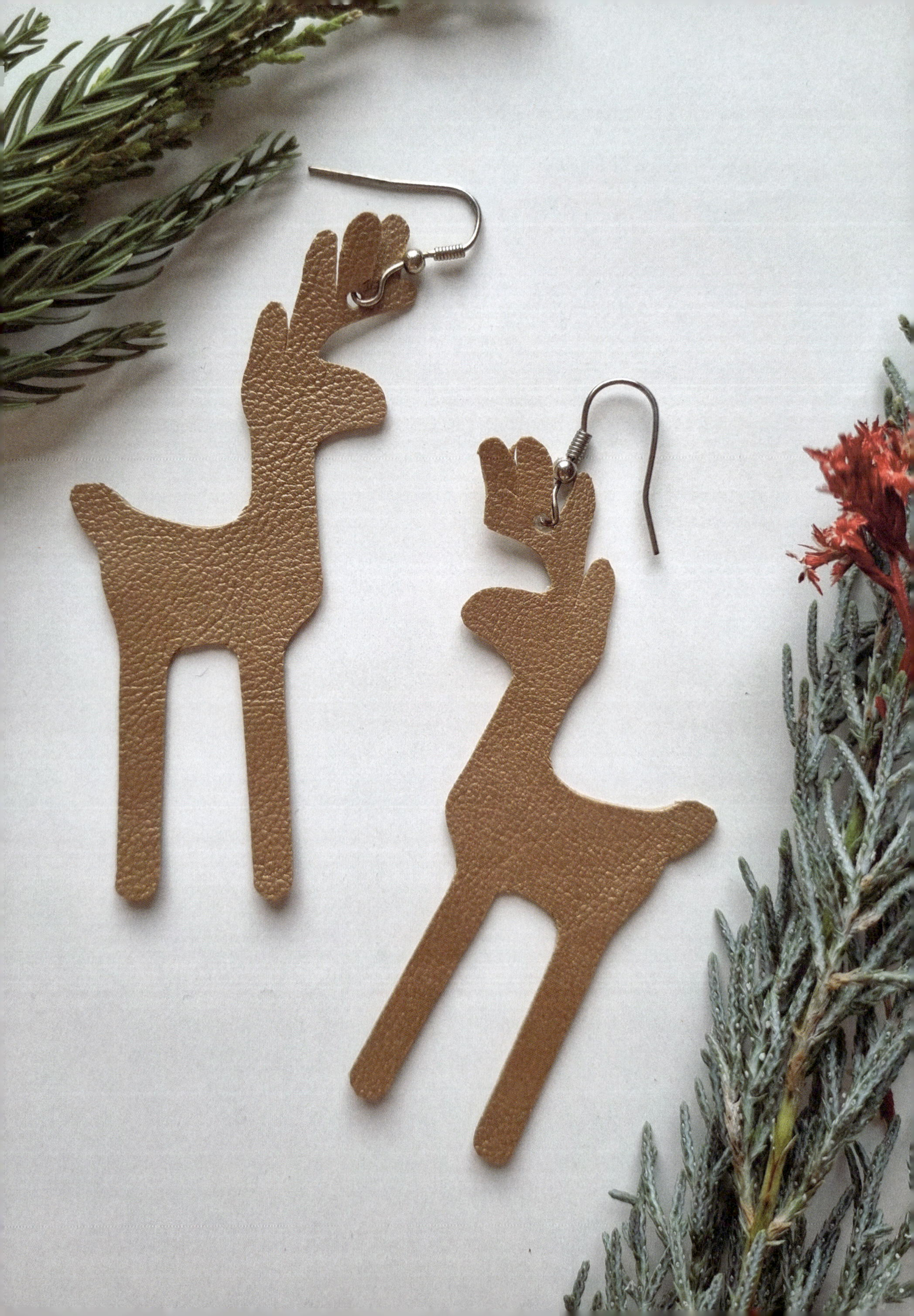

Rentier-Ohrringe à la Rudolf

Wenn nicht nur der Pulli nach weihnachtlicher Handwerkskunst, sondern auch der Schmuck danach aussieht, dann ist klar: Diese Person hat wohl einen Plotter, und in diesem besonderen Fall einen von Brother.

Du benötigst: Brother-Plotter · Schneidematte · Kunstleder, 1 mm dick · automatisches Rollmesser · Ohrringösen · Lochstanzer · kleine Zange

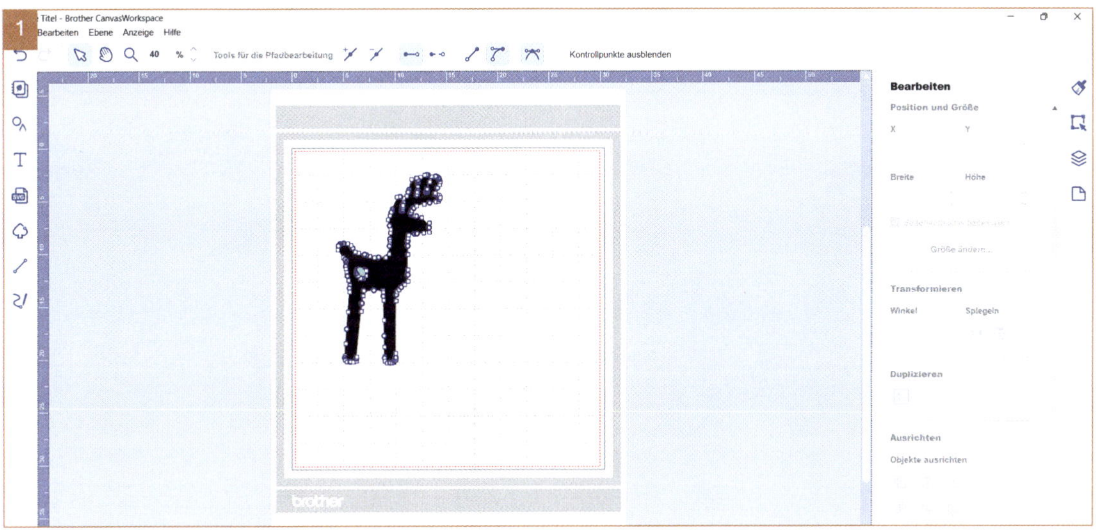

1. Füge zunächst ein Motiv ins Workspace ein. Ich habe mich für ein Rentier der lieben Sandra von kleinerspatz entschieden. Dieses hat ein kleines Herzchen im Po. Durch einen Doppelklick auf das Motiv öffnen sich die einzelnen Motivpunkte, worüber du das Herz rauslöschst.

Im Anschluss passt du das Rentier an die Größe deiner Wahl an. Achtung, nicht zu klein, denn das Rollmesser hat nicht denselben Spielraum wie die uns sonst bekannten Klingen. Am besten sind auch einfache Formen ohne viel Schnickschnack. Da du zwei Ohren hast, brauchst du auch zwei Rentiere. Ein Rentier musst du spiegeln, damit nachher an den Ohren alles passt, denn es gibt eine schöne Seite und eine, die man nicht sehen soll. Wenn du also beide Rentiere ungespiegelt schneiden würdest, hättest du an einem Ohr die unschöne Seite sichtbar.

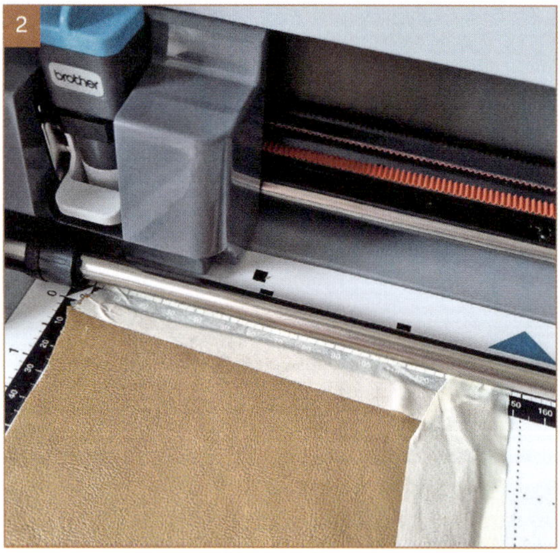

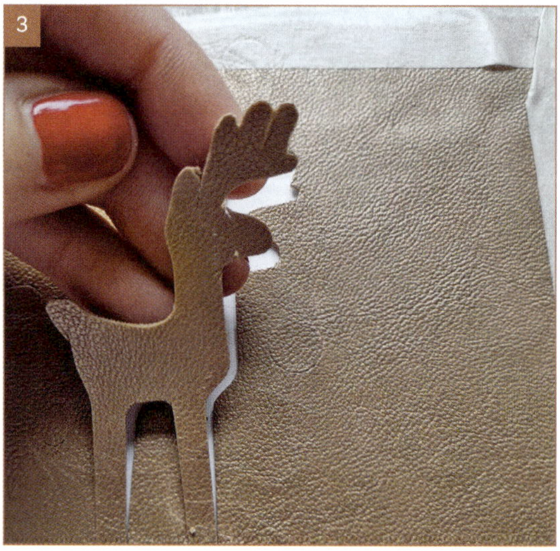

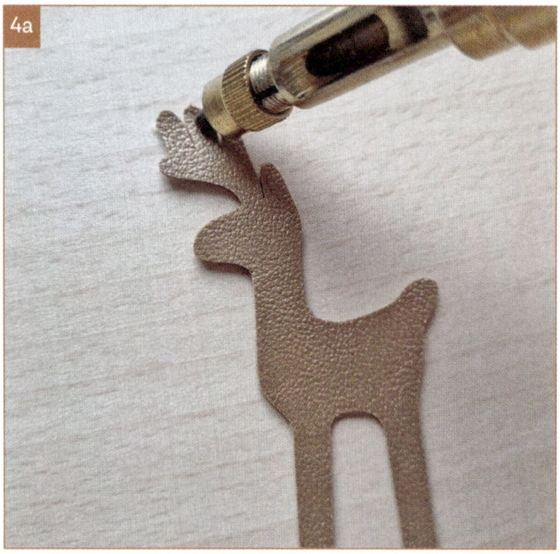

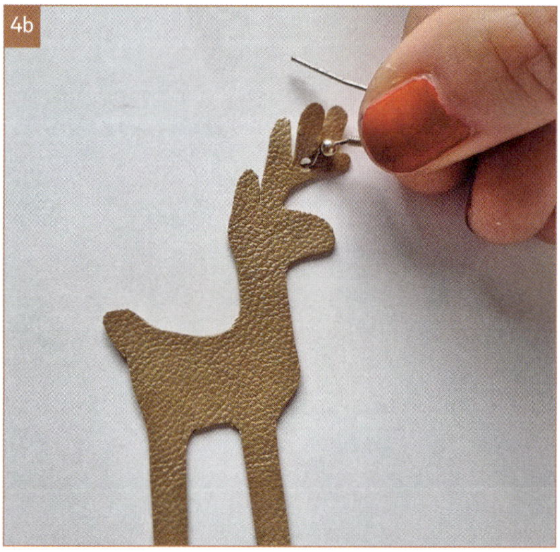

2. Lege nun das Leder mit der schönen Seite nach oben auf die Matte und fixiere die Kanten noch mit etwas Malerkrepp.

3. Der Schneidevorgang kann jetzt beginnen, was bei dickeren Materialien ein klein wenig länger dauert als gewohnt. Achte darauf, dass der Halbschnitt ausgeschaltet ist.

   Sobald der Plotter fertig ist, kannst du die Rentiere von der Matte nehmen.

4. Zuletzt stanzt du noch Löcher rein, schiebst die Ohrringösen hindurch und biegst sie zu.

   Schließlich bleibt dir nur noch übrig, mit deinem schönen neuen Ohrschmuck zu glänzen.

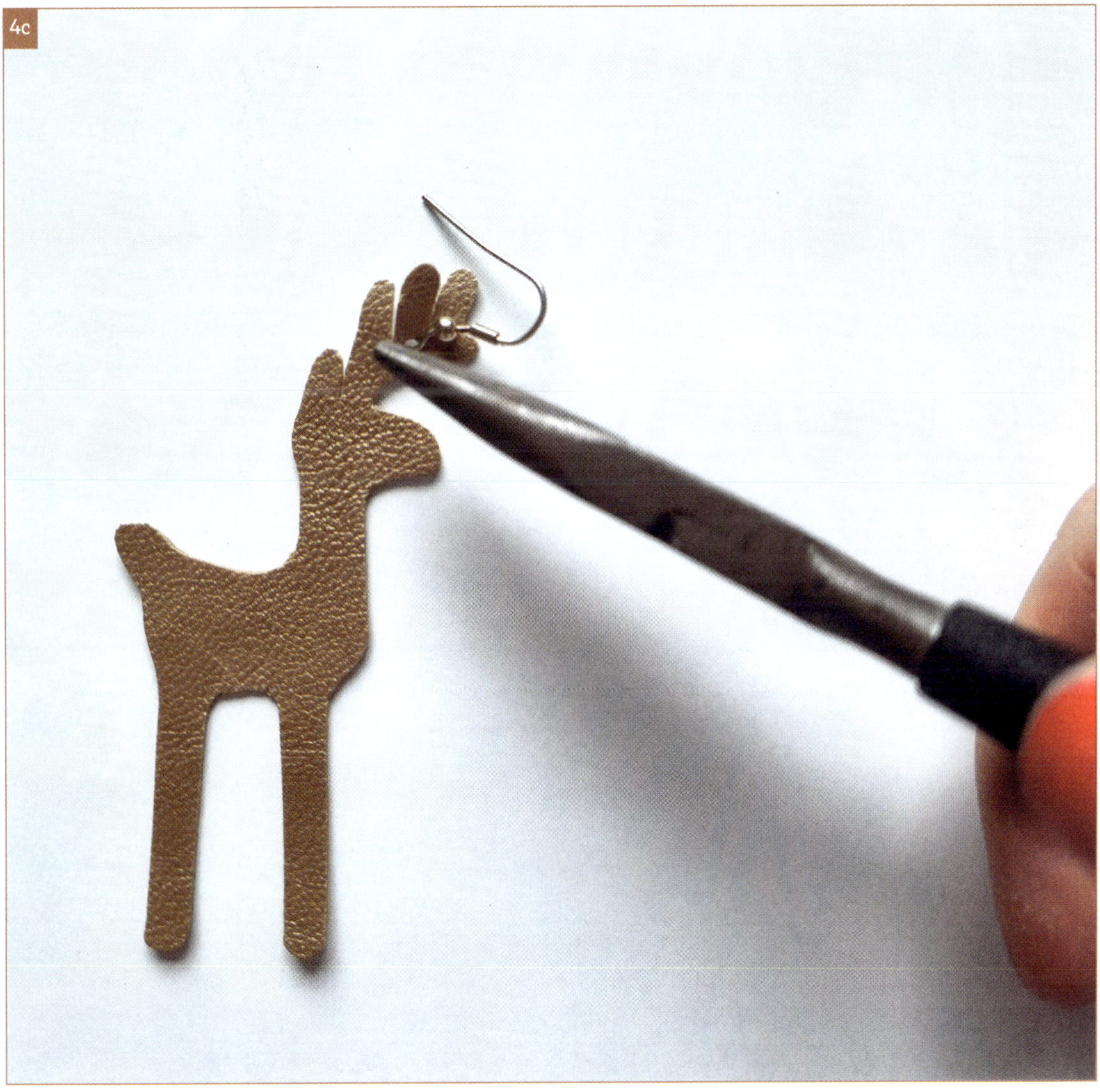
4c

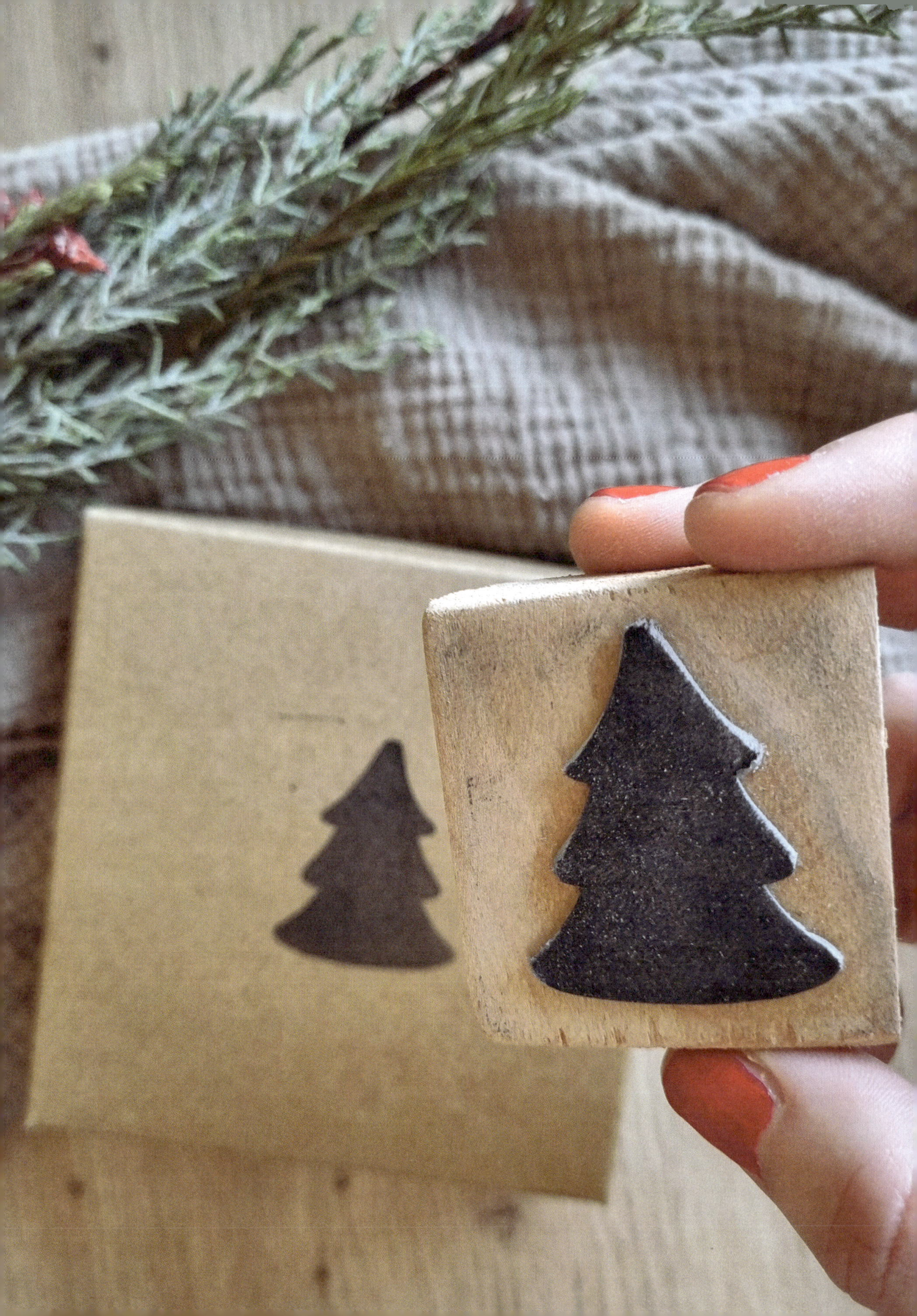

A Tännchen, please

Viele von uns kennen die ganzen wunderschönen Stempel, die uns ständig über den Weg laufen und uns zum Geldausgeben verleiten. Wäre es denn nicht schön, wenn du nach Lust und Laune Stempel selbst machen könntest, zumindest aus einfachen Motiven?

Du benötigst: Brother-Plotter · Moosgummi · ein Holzklötzchen · Schneidematte · Bastelkleber · automatisches Rollmesser

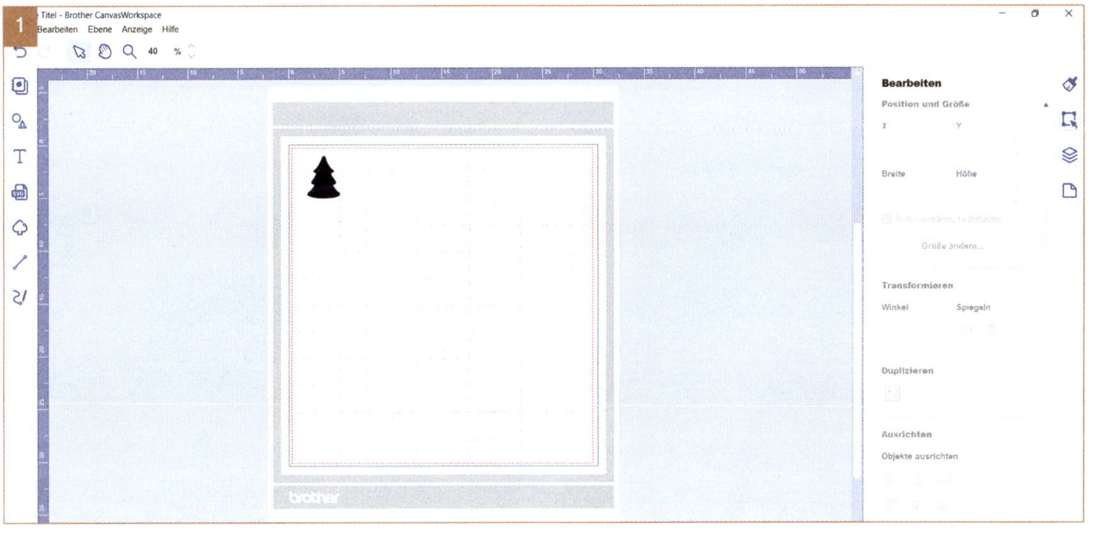

1. Lade zunächst ein Motiv ins Canvas Workspace hoch oder wähle eine der zur Verfügung stehenden Formen. Ich habe mich für ein Motiv der lieben Sandra von kleinerspatz entschieden, einen klassischen Tannenbaum. Passe dein Motiv an die Größe des Klötzchens an. Achte darauf, ein Motiv zu wählen, das aus einer Outline besteht und somit garantiert zu einem guten Schnittergebnis führt.

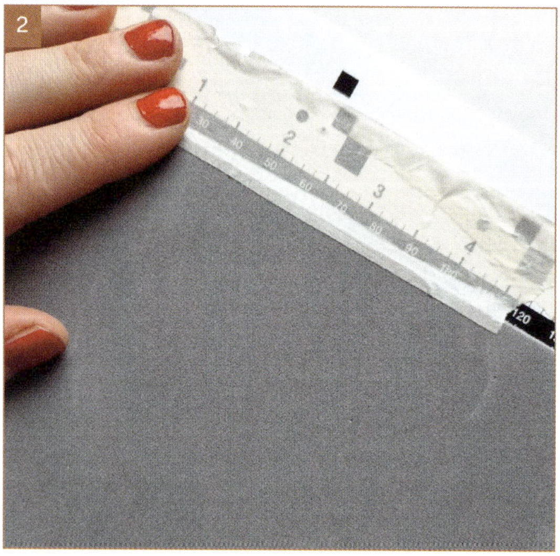
2

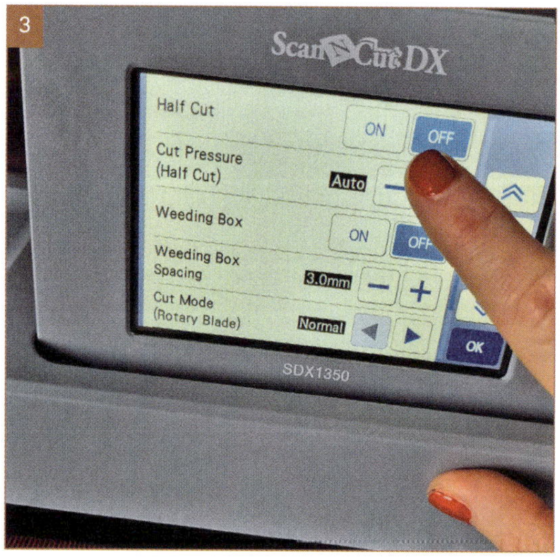

3

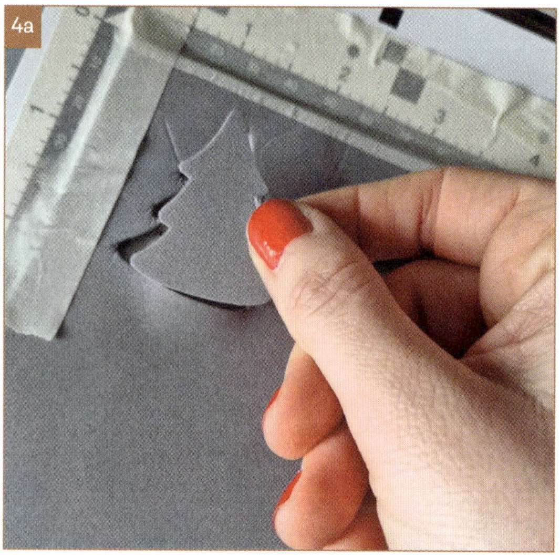
4a

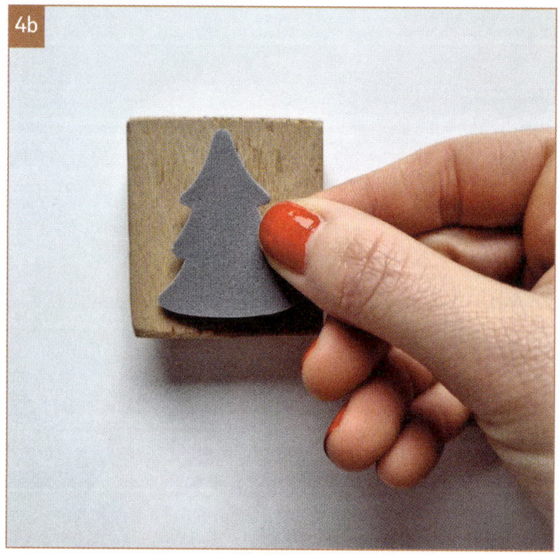
4b

2. Lege das Moosgummi auf die Schneidematte und fixiere es zusätzlich mit etwas Malerkrepp.

3. Anschließend kann der Plotter schon loslegen. Achte darauf, dass der Halbschnitt ausgeschaltet ist.

4. Ist der Schnitt fertig, nimmst du dir etwas Bastelkleber und klebst das Bäumchen mittig auf das Klötzchen.

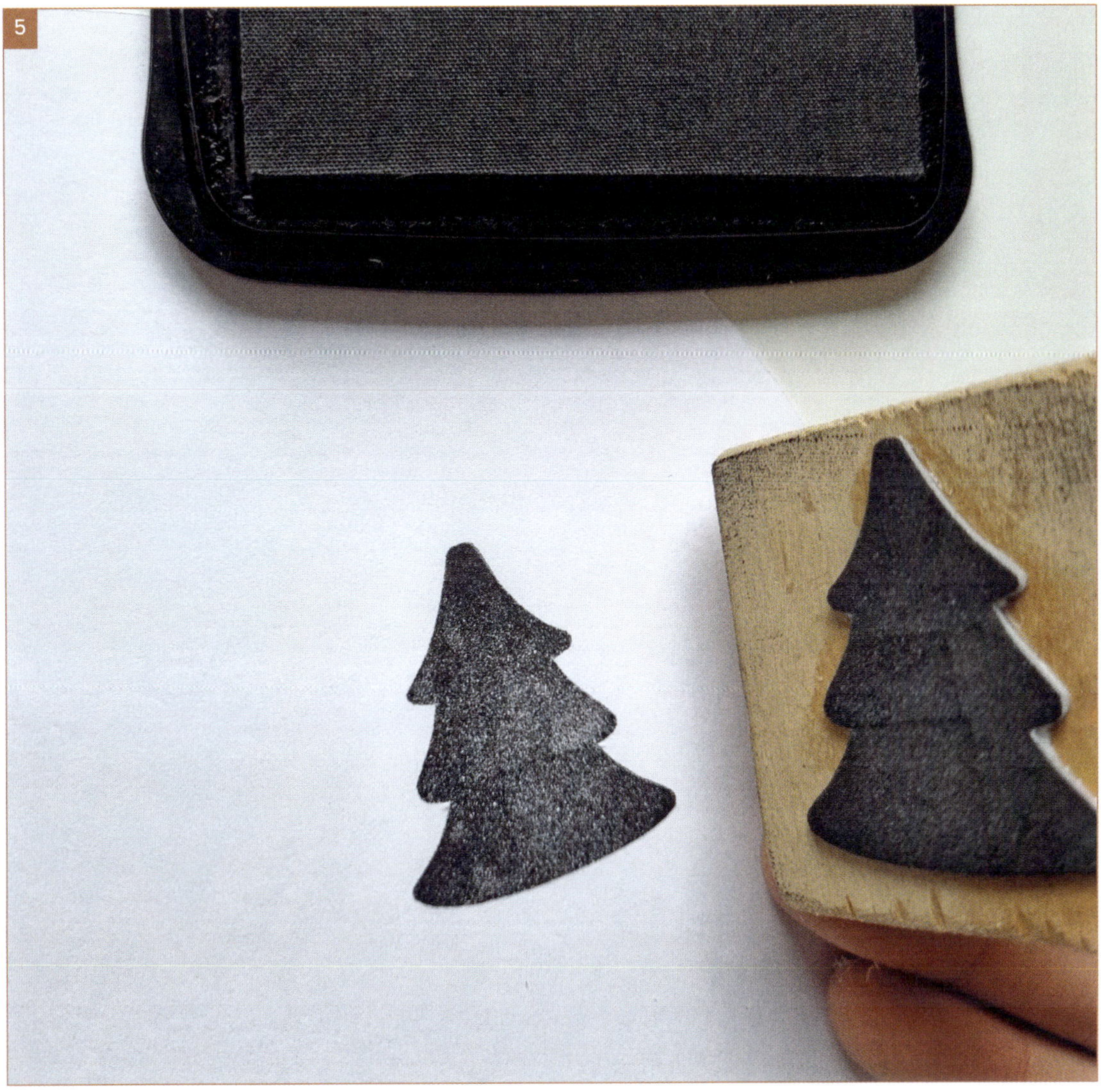

5. Jetzt kannst du drauflosstempeln und Geschenke und Karten mit deinem ganz eigenen Stempel aufwerten.

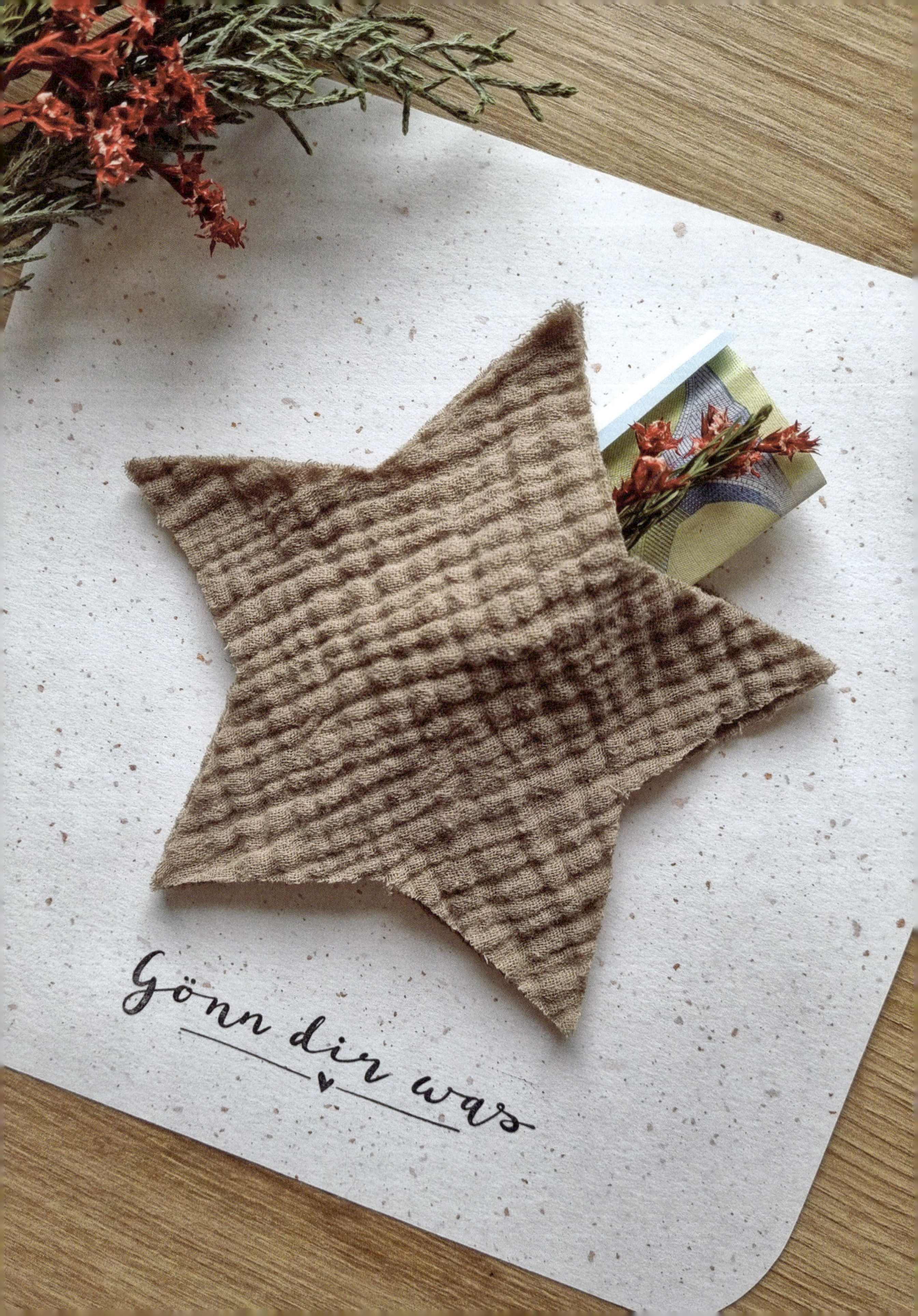
Gönn dir was

Nachhaltiges Verpacken – Geldgeschenk

Wir alle nutzen gerne und viel Geschenkpapier, was leider meistens in der Tonne landet. Und Geld kreativ einzupacken, ist generell eine Kunst für sich. Eine andere Idee ist es daher, Stoff zu benutzen. Nun können aber nicht alle nähen und darum kommt hier wieder der Brother zum Einsatz.

Du benötigst: Brother-Plotter · Stoff deiner Wahl (darauf achten, einen zu wählen, der nicht ausfranst) · Schneidematte · Schere · Sicherheitsnadel · Malerkrepp · automatisches Rollmesser · Klebepistole · Stempel zur Verzierung

1

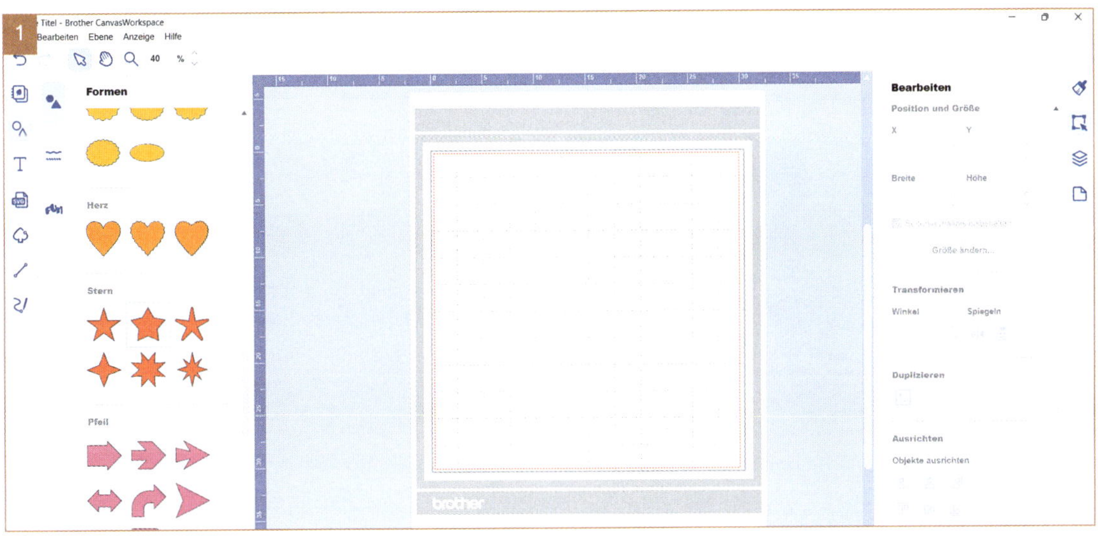

1. Zuerst suchst du dir ein Motiv aus. Achte darauf, dass es einlinig ist. Du erkennst das daran, dass es dir als Fläche angezeigt wird. Entweder du nimmst eine der vorhandenen Formen im Canvas Workspace oder du lädst dir selbst eine Datei hoch. Suche dir eine möglichst einfache Form aus, das Rollmesser kann nicht so filigran schneiden wie die normale Klinge. Ich habe mich für einen Stern direkt aus Workspace entschieden.

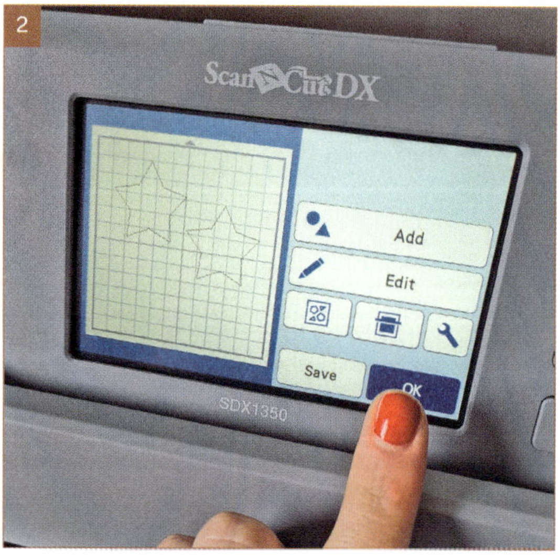

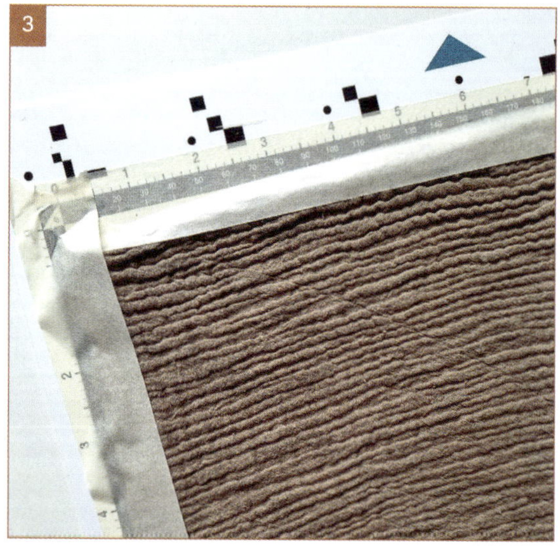

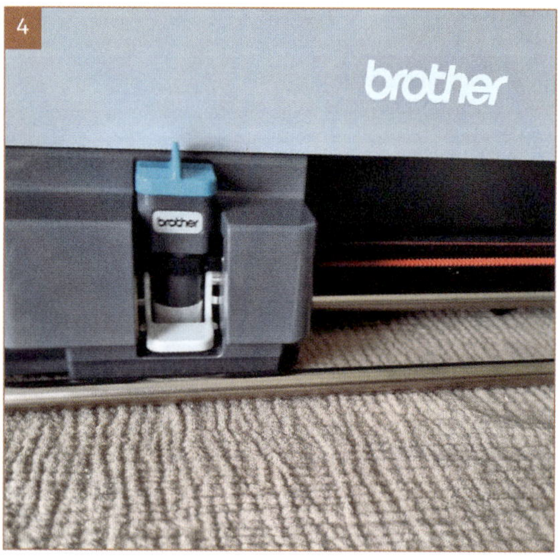

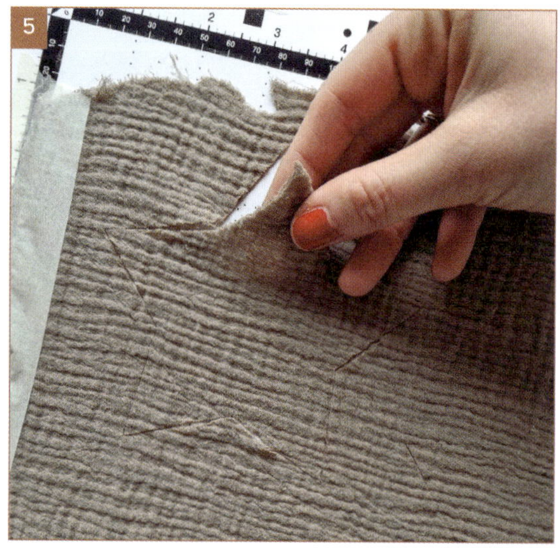

2. Nach dem Senden an den Plotter wird er auf dessen Display sichtbar und du kannst ihn noch verschieben, duplizieren oder auch löschen. In diesem Fall duplizierst du den Stern.

   Je nach Stoff musst du einen davon spiegeln. Wenn Vorder- und Rückseite des Stoffs gleich aussehen, kannst du dir den Schritt sparen.

3. Bringe als Nächstes den Stoff auf die Schneidematte auf. Es empfiehlt sich, hier wieder Malerkrepp zum Fixieren zu nutzen.

4. Nun kann der Plotter mit seiner Arbeit beginnen.

5. Nach dem Schneiden nimmst du die Sterne von der Matte ab.

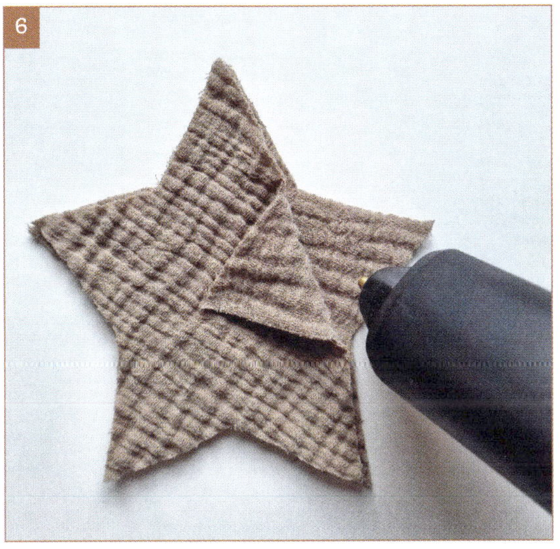

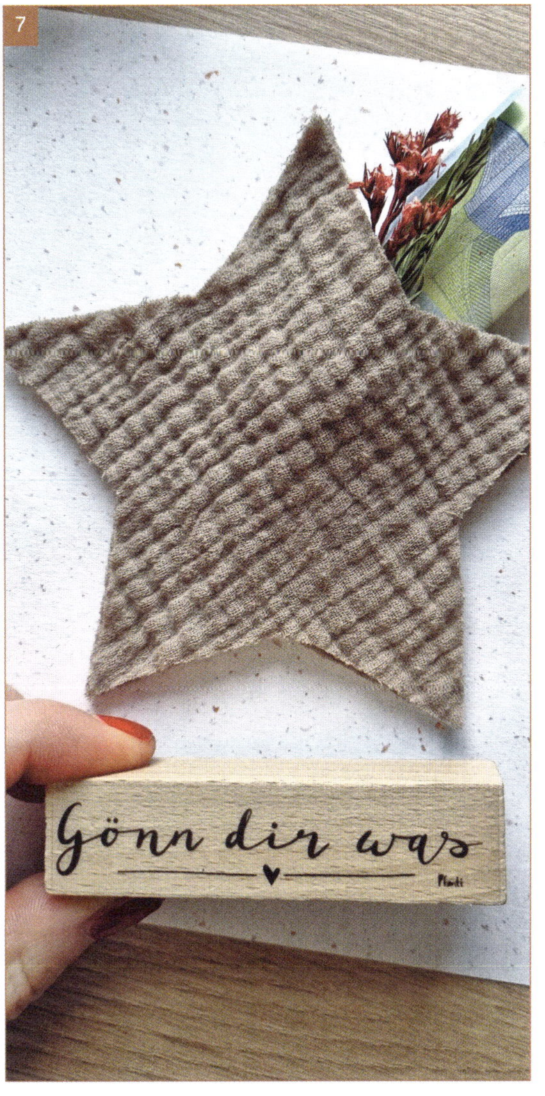

6. Danach klebst du sie mit Heißkleber zusammen. Vergiss nicht, oben eine Lücke zu lassen, um das Geld einschieben zu können.

7. Du kannst das Geld so drapieren, dass es aus der Öffnung herausschaut. Damit das Ganze nicht zu nackt aussieht, schneidest du noch eine Karte aus schönem Kraftpapier aus. Darauf befestigst du den Stern von hinten mit einer Sicherheitsnadel, sodass man ihn später wieder abnehmen kann. Zum Schluss setzt du noch einen schönen Stempel auf die Karte.

   Wenn der Beschenkte das Geld entnommen hat, kann er zum Beispiel aus Juteband eine Schlaufe legen, diese in die Öffnung stecken und alles zukleben. Damit wird aus dem Geldstern Baumschmuck und kann immer wieder verwendet werden.

Über die Autorin

Anett ist in Chemnitz geboren und lebt nun seit knapp neun Jahren in Berlin. Sie ist verheiratet und Mutter von zwei Kindern. Schon immer spielt Kreativität eine große Rolle in ihrem Leben. Wie viele Volkshochschulkurse und Kreativworkshops sie schon besucht hat, kann sie gar nicht zählen. Am Ende ist sie beim Plotten gelandet und mit Leidenschaft dabeigeblieben. Mittlerweile plottet sie seit gut drei Jahren und möchte keinen ihrer fünf Plotter missen.

Widmung

Dieses Buch ist meiner Mama gewidmet. Ohne sie hätte ich niemals dieses Maß an Kreativität entwickeln können. Techniken lernen und umsetzen, ausprobieren und experimentieren und dabei die Liebe zu Kreativität entdecken, davon war meine Kindheit und Jugend geprägt.

Die Weihnachtszeit war schon immer eine besondere Zeit für sie. Umso mehr hat sie sich darüber gefreut, dass ich ein Weihnachtsbuch schreiben werde.

Es stimmt mich traurig, dass sie es nicht geschafft hat, ihr Exemplar in den Händen zu halten und diese Zeilen zu lesen. Aber ich habe sie fest im Herzen und denke an sie bei jeder kreativen Tat.

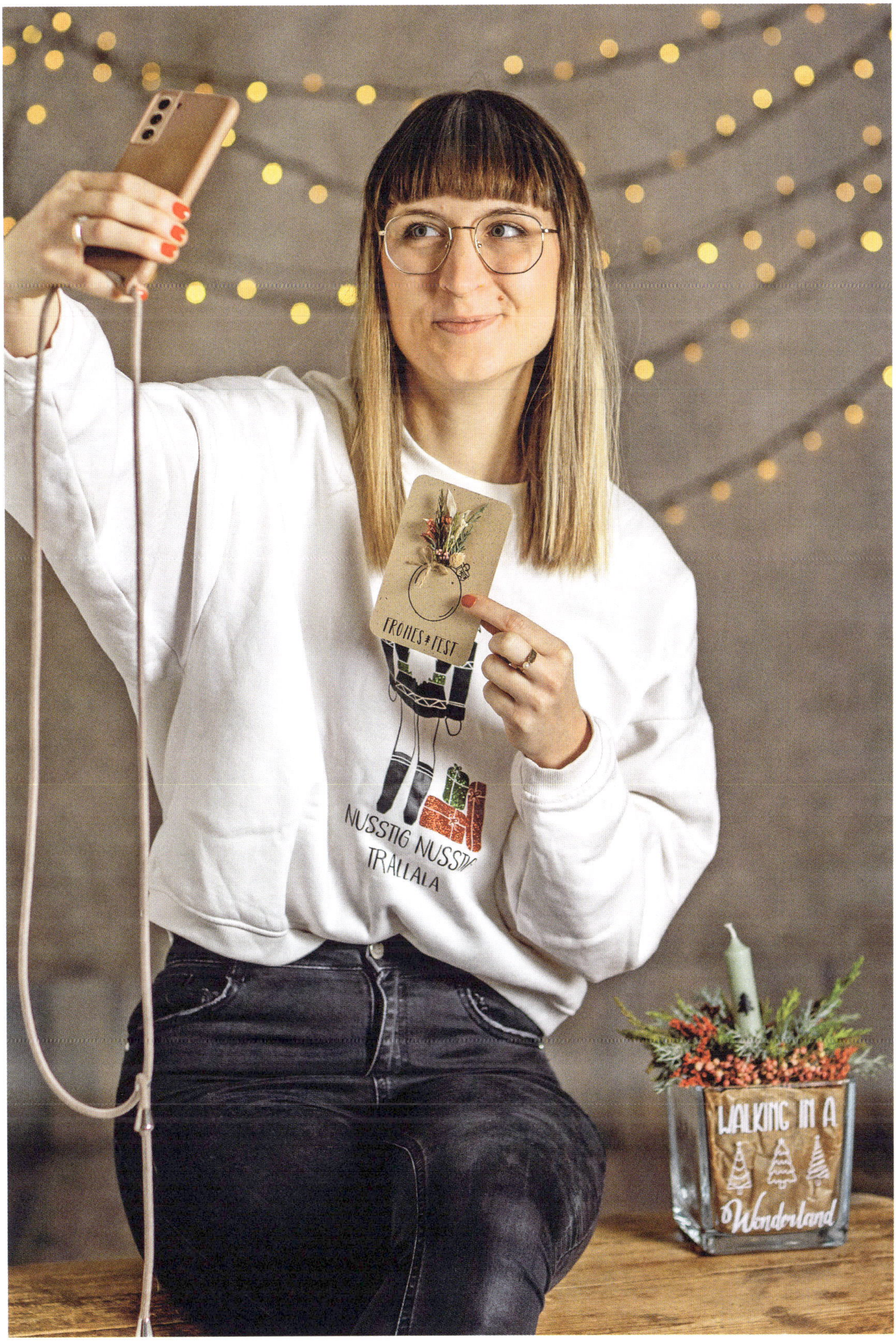
FROHES FEST
NUSSTIG NUSSTIG
TRALLALA
WALKING IN A
Wonderland

Empfehlungen

„Jeder Plotter hat seine eigene Superkraft, so kann der Brother einfach ganz viel allein und man kann ihm staunend zusehen, wie er seine Arbeit verrichtet. Der Silhouette im Gegensatz dazu glänzt mit einem sehr guten Programm. Man kann ohne großen Aufwand eigene Kreationen erschaffen und diese dann umsetzen."

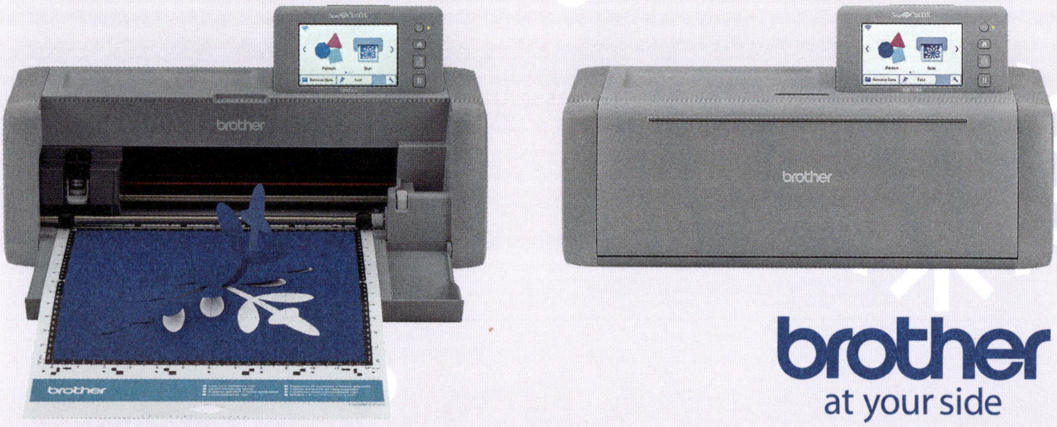

brother
at your side

iXpress Classic 2
Die handliche und platzsparende Transferpresse für Ihre kreativen Projekte.

Die neue Transferpresse von plottiX ist bestens dazu geeignet alle Arten von Aufbügelfolien auf Textilien aufzubringen. Sie überzeugt nicht nur mit Ihrem platzsparenden Design, sondern auch mit einer benutzerfreundlichen Bedienung.

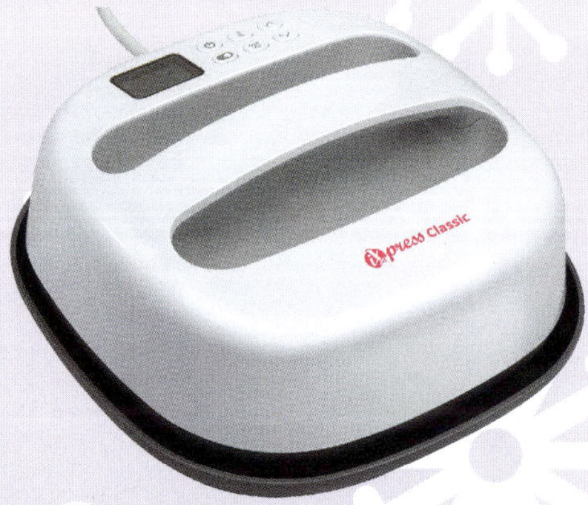

iXpress midi
Perfekt für T-Shirts, Taschen, Kissenhüllen und vieles mehr!

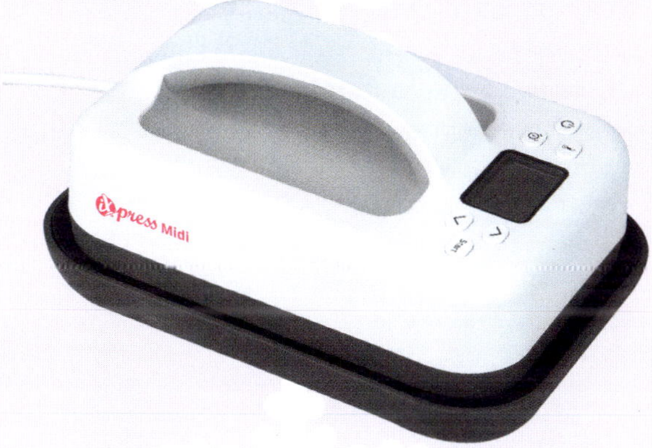

Mit dem integrierten Timer kann die Übertragung sekundengenau vornehmen. Zusätzlich sorgt eine gleichmäßige Wärmeverteilung über die gesamte Heizplatte hinweg für eine einwandfreie Übertragung.

iXpress Mini 2
Die Transferpresse für Projekte der ganz besonderen Art.

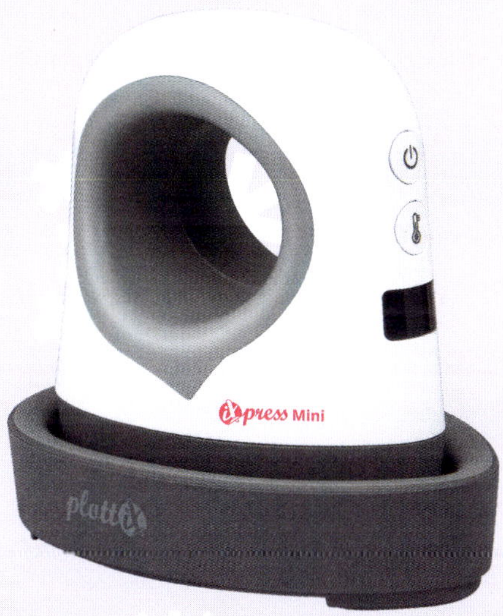

Mit dieser Transferpresse lassen sich Materialien ideal mit kleinen Details verschönern. Dank der spitz zulaufenden Pressfläche lassen sich selbst kleinste Motive in Ecken oder auch zwischen Knöpfen und Nähten aufbringen. Perfekt für Schuhe, Kappen, kleine Anhänger und vieles mehr! Mit Hilfe der 11 Heizstufen kann zwischen den verschiedensten Aufbügelfolien und Sublimationsmaterialien gewählt werden, um individuellen Projekte zu realisieren.

plottix

Alle Plotter und Transferpressen sind hier erhältlich: **www.hobbyplotter.de**

Impressum

Autorin: Anett Lehmann
Fotos und Styling: Anett Lehmann
Autorenfoto: Jeanette Kneisel Businessfotografie
Produktmanagement: Johanna von Pechmann
Partnermanagement: Thomas Nehm
Lektorat: Susann Trüffel-Reiff
Layout: Marcus Taeschner, A flock of sheep
Korrektorat: Judith Bingel
Umschlaggestaltung: Samuel Tomas, Murat Taner
Repro: LUDWIG:media
Herstellung: Julia Hegele
Printed in Poland by CGS Printing

Unser komplettes Programm finden Sie unter
www.christophorus-verlag.de

★★★★★

Sind Sie mit diesem Titel zufrieden? Dann würden wir uns über Ihre Weiterempfehlung freuen. Erzählen Sie es im Freundeskreis, berichten Sie Ihrem Buchhändler oder bewerten Sie bei Onlinekauf. Und wenn Sie Kritik, Korrekturen, Aktualisierungen haben, freuen wir uns über Ihre Nachricht an: Christophorus Verlag, Postfach 40 02 09, D-80702 München oder per E-Mail an lektorat@verlagshaus.de

Die Deutsche Nationalbibliothek verzeichnet diese Publikation in der Deutschen Nationalbibliografie; detaillierte bibliografische Daten sind im Internet über www.dnb.de abrufbar.

ISBN 978-3-8388-3875-5

Hier findest du die Vorlagen zum Download:

Die Dateien können nur beim Kauf des Buches heruntergeladen werden und dürfen ausschließlich für private Zwecke und nicht gewerblich genutzt werden.